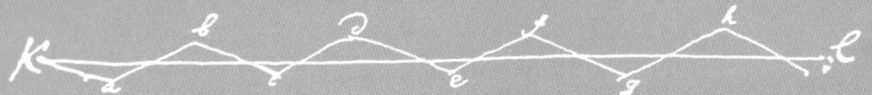

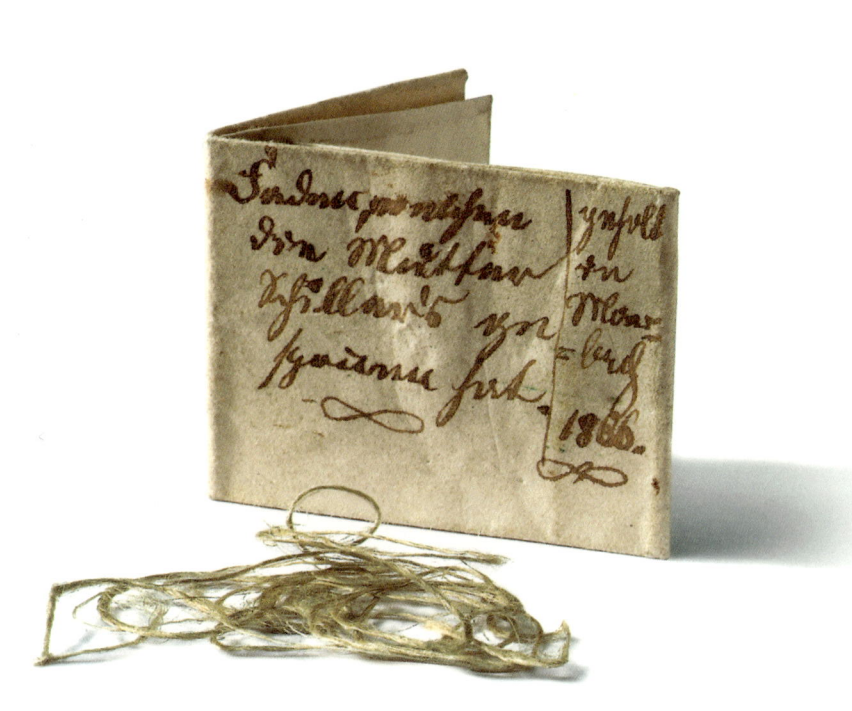

marbachermagazin 125/126

Autopsie Schiller.
Eine literarische Untersuchung

Von HEIKE GFREREIS

Mit einem Essay

von WILHELM GENAZINO

Deutsche Schillergesellschaft
Marbach am Neckar

Schiller ausstellen. Schon wieder?
Eine Vorbemerkung von Heike Gfrereis und Ulrich Raulff

W ie macht man eine große Ausstellung zu einem Autor, den man im selben Jahr in einer neuen Dauerausstellung präsentiert und den man selbst erst vor vier Jahren mit einer sehr erfolgreichen Ausstellung und einem umfassenden Katalog auf neuestem Forschungsstand gewürdigt hat?

Die Versuchung liegt nahe, sich kurzerhand Exponate zu erfinden, die endlich auch einmal größer und raumgreifender sind als DIN A4 und mehr Wärme und Helligkeit vertragen als 18 Grad und 50 Lux. Schiller unter Palmen oder wenigstens doch Platanen, konzentriert auf das, was sich mit Archivalien so schwer zeigen lässt: die robuste Kraft seiner Sprache und seiner Ideen, die Kühnheit seiner dramatischen Entwürfe, die Lebendigkeit seiner Figuren, die poetischen Welten, die das Ergebnis all der Mäusegeschäfte und Götterpläne waren, die in der Schiller-Ausstellung 2005 vorgestellt wurden. Lassen sie sich ausstellen? Und wenn, soll man sie ausstellen und nicht einfach nur sagen: Lest Schiller, spielt ihn?

Ein Gegenmodell drängte sich auf. Wir sind ein Archiv. Wir zeigen alles, was wir von diesem Dichter in Marbach haben, pur, konzentriert auf ihn, noch nicht eingebunden in den Zusammenhang einer Ausstellung über die Literatur des 18. und 19. Jahrhunderts. Anders als der erste Traum – den man überall träumen kann, allein mit Schillers Texten und der eigenen Vorstellungskraft – verlangte unser zweiter Traum den Auszug aus dem Lotterbett und den mehrmonatigen Aufenthalt in der kalten Unterwelt des Archivs: 690 Briefe von Schiller, 150 Manuskripte, 85 Lebenszeugnisse, jeweils inklusive Abschriften und Fälschungen, 537 Gemälde, Zeichnungen, Scherenschnitte, Grafiken und Skulpturen, die Schiller zeigen oder zeigen sollen, 158 Gegenstände aus seinem Hausrat und Erinnerungsstücke an ihn, 37 Bände aus seiner Bibliothek, 341 Ausgaben, Erst-, Zweit-, Dritt- und Raubdrucke seiner Texte zu Lebzeiten und 23 laufende Meter Werkausgaben nach dem Tod. Darüber hinaus Legionen von Illustrationen zu seinen Texten, Schiller-Medaillen und Schiller-Briefmarken, Bilder von Schiller-Orten, Schiller-Vertonungen, Schiller-Verfilmungen, Schiller-Aufführungen und die Teilnachlässe von Vater und Mutter, Schwester, Enkeln und Urenkeln.

Die Autopsie des Bestands im Archiv gebar den dritten Traum: Was lässt sich von Schiller, dem Menschen wie seiner Literatur, ausstellen, wenn man von jeweils einem Stück ausgeht, das an seinen Körper erinnert, und – diesen Anlass so buchstäblich wie metaphorisch nehmend – es in Materialbilder einbindet, die im Sinne einer realen und imaginären Anatomie Schiller von Kopf bis Fuß zeigen? Wo trifft die Schaulust ins Herz der Dichtung? Wo bringt sie einen immerhin an deren Schwelle?

Wir haben diesen Traum im Literaturmuseum der Moderne in einem kleinen weißen Schubladen-Schrank auf die Probe gestellt, der uns nach der Schließung des Schiller-Nationalmuseums im Jahr 2007 durch die schillerlose Zeit brachte. Die Ausstellung, die diesem Werkschrank nun entwachsen und für ein halbes Jahr in vier

Räumen des LiMo zu sehen ist, zeigt, da ihr die selbe Sammlung zu-
grundeliegt, auf die alle Marbacher Schiller-Ausstellungen zurück-
greifen, einen alten Bekannten und verdeutlicht, welche Erwar-
tungshorizonte mit dieser Sammlung seit über hundert Jahren
abgesteckt worden sind: Schiller, der Sohn und Vater, der Freund und
Ehemann, der freiheitsliebende Karlsschul-Zögling, Feuerkopf und
Rechner, der Spiel- und Schönheitstheoretiker, der Arzt, Schnupf-
tabakliebhaber und Tragödiendichter, der genial für den literarischen Markt kalkulierende wie auf die Ewigkeit spekulierende
Schriftsteller und Ideengestalter, aber auch der virile Geist, der gegen seinen kranken Körper kämpft, und schließlich: der heitere
Schiller – das alles ist mit dem Marbacher Bestand darstellbar, steckt
offensichtlich darin. Die Archivalien haben diese Vorstellungen
überliefert und geprägt, wurden vielleicht im Hinblick darauf gesammelt oder, wer weiß, vielleicht von Schiller so in die Welt gesetzt.
Das meiste wurde schon einmal ausgestellt, nur wenige Sachen werden zum ersten Mal gezeigt.

Neu ist die Art ihrer freien Kombination. In der Ausstellung sind
diese Archivalien so, als würde man mit Karten spielen, Patiencen legen oder Bilderrätsel bauen, nebeneinander gelegt, oft in scheinbar
unvermittelter, assoziativer Konfrontation. Die Raumfolge orientiert
sich an der Topografie des menschlichen Körpers, nicht an den Zeit-
punkten und Orten der Biografie. Nur selten markieren die Nachbar-
schaften biografische oder werkgenetische Zusammenhänge, vielmehr stecken sie Wort- und Bildfelder ab, poetische und alltägliche,
sinnliche und intellektuelle, seelische und körperliche Bedeutungs-
möglichkeiten, Erinnerungs- und Imaginationsräume. Sie setzen die
Energie frei, die in der Kombination von Dingen, die Schiller berührt, und von Texten, die er geschrieben hat, schlummert.

Die Wechselausstellung im Literaturmuseum der Moderne verbindet in neun im Kreis gelegten Materialbildern Schillers Körper-
spuren mit Briefen, Büchern, Bildern und Manuskripten, die – dekli-

niert von Kopf bis Fuß – jeweils einen Aspekt von Schillers Schreiben beleuchten. Als solche bilden sie eine kleine Schule der ästhetischen Empfindsamkeit. Wichtig sind dabei auch die kleinen Zeichen, die Markierungen, Striche, Kreuzchen, Krümmungen und geschwungenen Linien – sie deuten psychosomatische Dispositionen an, zu denen das für Schiller so charakteristische Überkreuzdenken von Körper und Geist, Materie und Seele, Bewegung und Ruhe, Sprechen und Pausieren führt. Das Geheimnis der literaturgeschichtlichen Sammlung ist eine Figur der Erinnerung. In ihr zeichnet sich die Gestalt eines toten Dichters ab. Von den Dingen der Sammlung zu den Worten seines Werks – und zurück zu den Dingen – springt der Funke des lebendigen Gedächtnisses. Diesen Funken aufzufangen und weiterzugeben ist das Ziel dieser Ausstellung.

Die Wechselausstellung im Literaturmuseum der Moderne ist der Probelauf für die große, inhaltlich anders angelegte neue Dauerausstellung im Schiller-Nationalmuseum. Aus diesem Grund erscheint zu ihr kein eigener Katalog. Das vorliegende Marbacher Magazin, das sie begleitet, nimmt die Freiheit der kleinen Form für sich in Anspruch und folgt in essayistischer Weise den Wegen der Ausstellung.

Das Körbchen der Sperata oder
Der Geist, der in Schillers Resten wohnt
Eine Ausstellungsbeschreibung

Am Beginn dieser Bestandssichtung, die Schiller und seiner Literatur von Kopf bis Fuß zu Leibe rückt, muss ein Geständnis stehen. Man braucht dazu die Lizenz der Verrückten, der Geisterseher und Telepathetiker. Ohne ein wenig Alchimie, Aberglaube, Hang zum Spiritismus und Magnetismus geht es nicht. Man muss daran glauben, dass dem Papier durchaus etwas oder jemand innewohnen kann, sonst kann man es nicht ausstellen. Nicht einmal suchen und lesen und in die Hand nehmen könnte man es. Warum sollte man, wenn an ihm nichts ist, in ihm nichts wartet, das es zu erwecken gilt? Wollte man argumentieren, reden, verhandeln, darstellen, Wissen erschließen und vermitteln, man könnte direkt zu den Begriffen selbst greifen und müsste nicht den Umweg übers Zeigen wählen. Man kann sich aus dieser verrückten Situation nur mit der Literatur selbst herausreden.

In *Wilhelm Meisters Lehrjahren* versucht Mignons Mutter Sperata ihr ertrunken geglaubtes Kind mit einem alchimistischen Ritual ins

Leben zurückzubringen: »So war sie auch des Tages unermüdet an den Stellen, wo das kiesige Ufer flach in die See ging; sie sammelte in ein Körbchen alle Knochen, die sie fand. Niemand durfte ihr sagen, daß es Thierknochen seien; die großen begrub sie, die kleinen hub sie auf.« Der »Arzt schlug vor, man sollte ihr nach und nach unter ihre übrigen Gebeine die Knochen eines Kinderskelets mischen, um dadurch ihre Hoffnung zu vermehren. Der Versuch war zweifelhaft, doch schien wenigstens so viel dabei gewonnen, daß man sie, wenn alle Theile beisammen wären, von dem ewigen Suchen abbringen, und ihr zu einer Reise nach Rom Hoffnung machen könnte. Es geschah, und ihre Begleiterin vertauschte unmerklich die ihr anvertrauten kleinen Reste mit den gefundenen, und eine unglaubliche Wonne verbreitete sich über die arme Kranke, als die Theile sich nach und nach zusammen fanden, und man diejenigen bezeichnen konnte, die noch fehlten. Sie hatte mit großer Sorgfalt jeden Theil, wo er hingehörte, mit Fäden und Bändern befestigt; sie hatte, wie man die Körper der Heiligen zu ehren pflegt, mit Seide und Stickerei die Zwischenräume ausgefüllt.« [*Goethes Werke* (Weimarer Ausgabe), Abt. I, Bd. 23, S. 276–279.]

Der Erfolg scheint eingetreten, als das Kästchen mit den Knochen eines Morgens leer ist. Sperata sieht die auferstandene Mignon und stirbt glücklich, nicht ahnend, dass die Magd die Reliquien nur entnommen hatte, um sie dem Arzt zu zeigen.

Tote Dichter auszustellen und ihre Reste zu sammeln, das hat seinen Ursprung in dieser Emphase, der Hoffnung von Goethes Sperata. Das Ausstellen der toten Dichter dient nicht der Vermittlung von Literatur, es zielt auf eine poetische Auferweckung. Wir hoffen darauf, dass uns der Geist der Dichter erscheine, dass sie zurück ins Leben träten, zu uns sprächen und wir wüssten, wie sie wirklich waren. Wie im Zirkus der Zauberer die Jungfrauen auf einem Tisch ohne doppelten Boden zersägt, so sind auch die Vitrinen von Literaturausstellungen oft ohne Unterleib. Die Auferweckung soll kein fauler

Zauber sein, die dafür versammelten Teile scheinen wie herabgefallen, nicht aus dem Boden gewachsen. Herkunftslos, möglichst flach, aufgespießt, ohne dass Licht und Schatten mit ihnen spielen könnten. Nicht Seide und Stickerei füllen ihre Hohlräume, auch nicht die reine Luft. Samt, Leinen, Karton und Beschriftungskärtchen rücken jedes Teil an seinen Platz und verhindern, dass zu viel Pathos sich dazwischen breit macht und nach unnötigen Effekten hascht. Nüchtern muss der Betrachter sein, wenn der Geist seine Kraft beweisen will.

Entzünden kann die poetische Auferweckung das kleine, bescheidene und rührende Detail. Ein Riss in einer Schachfigur, ein in der Wärme der Ausstellungen schlapp gewordener Baum aus Zinn aus einem Diorama zum *Wallenstein*, ein Klecks auf der Schrift, ein persönlicher Zusatz in einem offiziellen Brief, eine alberne Bemerkung, ein hartnäckiger Schreibfehler, der Schatten einer Berührung: Gebrauchsspuren, Benutzungs- und Ausstellungsschäden, entleerte Kisten, ein Ausstellungsschild ohne Gegenstand, Bleistiftkreuze auf einer Gipsskulptur. Je bescheidener die Geste der gesammelten Dinge ist, mit der sie unsere Aufmerksamkeit auf sich ziehen, je eher sie ein Sammelgut von Kindern scheinen, winzig oder auch kaputt, desto kleiner ist der Widerstand unserer Vernunft. Die Literatur des 19. Jahrhunderts ist voll von solchen Auferstehungen: eine im Gewitter rot erleuchtete Statue, ein Stück klebriger Kuchen, eine kleine Puppe, ein altes Buch, ein in Stein geritztes Zeichen. Obwohl daraus dann schnell statt zarter ästhetischer Erfahrungen Begegnungen mit dem Unheimlichen und Grauenvollen werden, verliert das Kleine und Kaputte nicht seinen kindlichen Reiz, seine glücklichen Seiten. Auch Ende des 20. Jahrhunderts entdeckt Jean-Pierre Jeunets Filmheldin Amélie in ihrer fabelhaften Welt ein vergessenes Kästchen, angefüllt mit für sie bedeutungslosen Dingen. Wir wissen, dass wir bei vergessenen Kleinigkeiten zunächst nichts befürchten müssen, dass sie nur poetisch zu rumoren anfangen und nicht wirklich aufwachen, so wie der Kontur in Mozarts *Don Giovanni* vom Sockel steigt, Mary Shelleys Frankenstein sich in Bewegung setzt und E.T.A Hoffmanns Olimpia ihren todbringenden Ausflug ins Leben beginnt.

Wenn im Land der Dichter und Denker auch nicht ihre Knochen und Schädel gesammelt wurden (die Milchzähne von Ernst Heimeran und Mörikes zerbrochener Backenzahn sind Ausnahmen, wurden von diesen selbst als Souvenir verpackt), sondern meist nur ihre Brillen und Schreibgeräte, so wurde doch bei Schiller auf große Vollständigkeit geachtet: Es gibt von ihm in Marbach Hut, Kopftuch, drei Westen, zwei Hosen, zwei Paar Strümpfe, sieben Schuhschnallen, Fingerringe, Handwärmer, Broschen und Knöpfe, Zahnstocher, Löffel, Spazierstock und zahlreiche Locken. Die Sammlung bildet den Körper nahezu vollständig ab. Diese Spuren des Körpers aber, das ist das Poetische und gar nicht Indiskrete daran, verweisen sehr viel mehr auf die Literatur von und über Schiller als auf den echten Menschen. Was man in ihnen findet, das sind poetische Bruchstücke, nicht Zeugen einer einmaligen DNA. Sie scheinen gesammelt worden zu sein, weil sie über die Assoziationen, die sie auslösen, zu Zitaten, Bildern, Figuren und Motiven seines Werks führen können: vom Spazierstock zum *Spaziergang*, von Hygieia, die den Schlafrockknopf ziert, und den Handwärmern zu den *Räubern*, von den Spielkarten zur *Ästhetischen Erziehung des Menschen*, von den Socken zum *Untertänigsten Pro Memoria*, von der Weste zu *Über Anmut und Würde*, von den Schuhschnallen zum *Wallenstein*, vom Tuch gegen Kopfweh zum *Fiesko*.

Haupt und Himmel

D er so schlichte wie praktische Reisehut des Dichters war
eines der ersten Exponate im 1859 als Museum eröffneten
Geburtshaus Schillers. Als halbe Hohlform des Kopfes zeugt er unmittelbar von der Person, die ihn trug. Schiller, mit einer Körpergröße
von 181 cm der größte Mann in Weimar, war nicht darauf angewiesen,
dass sein Hut ihn erhöhte. Doch der Hut ist der naheliegende Beweis
für den Kopf. »Wer keinen Kopf hat, braucht keinen Hut«, so heißt es
schon im Sprichwort. Was sich jedoch unter Schillers Hut verborgen
hat? Welche Spanne der Körper und der Geist ausmaßen, die er behü-
tete? Wie viel Luft über ihm und wie viel Boden unter ihm lag, wie viel
Gesichter er darunter zeigte oder verbarg?

»Alle acht Tage war er ein anderer und ein vollendeter«, beschreibt Goethe Schillers Charakter mit dem Hinweis auf seine Un-
fassbarkeit und den Reichtum seiner Wandlungsfähigkeit [*Goethes
Werke* (Weimarer Ausgabe), Abt. V, Bd. 5, S. 138]. Kein Wunder, dass ihn der
vermeintliche Schiller'sche Schädel, den er wenige Tage, nachdem
dieser in der Fürstenbibliothek der Weimarer im Sockel von Danneckers Büste eingeschlossen worden war, zu sich nach Hause holte,

links Gegen Wind und Wetter:
Schillers lederner Hut,
den er schon als Karlsschüler
besessen haben soll.

trotz seiner Größe enttäuschte. Wilhelm von Humboldt schrieb am 29. Dezember 1826 nach einem Besuch an seine Frau: »Heute nachmittag habe ich bei Goethe Schillers Schädel gesehen. Goethe und ich – Riemer war noch dabei – haben lange davor gesessen, und der Anblick bewegt einen gar wunderlich. Was man lebend so groß, so teilnehmend, so in Gedanken und Empfindungen bewegt vor sich gesehen hat, das liegt nun so starr und tot wie ein steinernes Bild da«.

[Wilhelm und Caroline von Humboldt, *Briefe*, Gernsbach 1963, S. 531.]

So wenig ein Hut, eine Handschrift, ein Schädel den Menschen verraten, geschweige denn die Größe des Kopfes verlässlich einen großen Geist bezeugt, so sehr stacheln sie die Phantasie an. Sie lassen nach Gegenstücken in seinen Werken suchen. Auf dem Frontispiz des *Abfalls der vereinigten Niederlande* ist der Hut auf der Stange in römischer Tradition Indiz der Befreiung: Die Sklaven haben nun den freien Himmel über den Köpfen. In seinem *Wilhelm Tell*, dem »Mährchen mit dem Hut und Apfel«, verweist der auf einer Stange ausgestellte Hut auf die Macht des Landvogts Geßler. [*Schillers Werke*, Nationalausgabe, begr. von Julius Petersen, (…) hrsg. von Norbert Oellers (u. a.), Weimar 1943 ff., Bd. 10, S. 369; hier und im Folgenden zit. als NA mit Band- und Seitenzahl; Schillers Briefe werden im Folgenden ebenfalls nach der NA zitiert, jedoch lediglich unter Angabe von Adressat und Datum.] Die Handlung nimmt ihren Lauf, weil Tell diesen Stellvertreter demonstrativ nicht grüßt: »Was kümmert uns der Hut? Komm, laß uns gehen« [NA 10,208], so sagt er zu seinem Sohn, dem er kurze Zeit später, um sein Leben zu retten, den Apfel vom unbehüteten Haupt schießen muss.

***

Unter den Büchern aus Schillers Bibliothek findet sich eine weitere Szene mit Stab und Hut und einem himmlischen Todesboten. Das Kupferstich-Frontispiz zum fünften Band von Goethes *Schriften* [Leipzig 1790] illustriert die letzte Szene aus dem übrigens mit einem Armbrustschießen beginnenden *Egmont*. Der eingekerkerte, für die

Freiheit der Niederlande kämpfende und bald auch für sie sterbende Egmont »entschläft; die Musik begleitet seinen Schlummer. Hinter seinem Lager scheint sich die Mauer zu eröffnen, eine glänzende Erscheinung zeigt sich. Die Freiheit in himmlischem Gewande, von einer Klarheit umflossen, ruht auf einer Wolke. Sie hat die Züge von Clärchen, und neigt sich gegen den schlafenden Helden. Sie drückt eine bedauernde Empfindung aus, sie scheint ihn zu beklagen. Bald faßt sie sich, und mit aufmunternder Geberde zeigt sie ihm das Bündel Pfeile, dann den Stab mit dem Hute. Sie heißt ihn froh sein, und indem sie ihm andeutet, daß sein Tod den Provinzen die Freiheit verschaffen werde, erkennt sie ihn als Sieger und reicht ihm einen Lorbeerkranz. Wie sie sich mit dem Kranze dem Haupte nahet, macht Egmont eine Bewegung, wie einer der sich im Schlafe regt, dergestalt, daß er mit dem Gesicht aufwärts gegen sie liegt. Sie hält den Kranz über seinem Haupte schwebend: man hört ganz von weitem eine kriegerische Musik von Trommeln und Pfeifen: bei dem leisesten Laut derselben verschwindet die Erscheinung. Der Schall wird stärker. Egmont erwacht; das Gefängniß wird vom Morgen mäßig erhellt. Seine erste Bewegung ist, nach dem Haupte zu greifen: er steht auf und sieht sich um, indem er die Hand auf dem Haupte behält.« [*Goethes Werke* (Weimarer Ausgabe), Abt. I, Bd. 8, S. 303 f.]

* * *

Ohne Hut kommt Schillers Zeit gut aus, ohne Lorbeerkranz weniger. Er war der Siegespreis der Athleten im antiken Delphi, er ist die Krone der Dichterfürsten – und inflationär. Zuhauf werden Lorbeerkränze in den zahlreichen Musen-Almanachen vergeben, in manchen kann sich sogar jeder Leser so sein Bild einkleben (wie man auf Jahrmarktsständen für die Kamera in einem Auto, Flugzeug oder Ballon sitzen kann oder in einem Fotoautomaten am Bahnhof unter Palmen), dass er den Lorbeer selber trägt. Es ist vor diesem Hintergrund eine besondere Auszeichnung, dass Schiller auf Bildern um

1800 selten ein Lorbeerkranz beigegeben wird und seine langen Locken offen fallen dürfen. Der Kopf ist so frei wie der (allerhöchstens vom sprichwörtlichen, ausladenden weißen Schillerkragen gerahmte) Hals. Wenn Schiller mit Lorbeer- oder Eichenblättern bekränzt wird, so nicht als Mensch, sondern als Büste; wenn ihm Lorbeer zu teil wird, dann von seinem Grab und mit Einschränkung: »Lorbeerblätter von Goethes und Schillers Grab, das längere von Goethe«, vermerkt ein Weimarpilger am 25. September 1883 auf einem Kuvert.

***

Schiller, anders als Goethe weder Patriziersohn noch mit einem langen Leben gesegnet, dafür aber früher als dieser unsterblich, war kein Götterliebling und wollte auch keiner sein. Seit der Karlsschulzeit entwirft er von sich ein Bild des Outcast und Partisanen, der mit der Hölle im Bund steht und den Kampf gegen manchen nur politisch markierten, staatlichen oder religiösen Himmel aufnimmt. In seinen Selbstrezensionen, Ankündigungen und Vorreden legt Schiller viel Wert auf seine Fehler, das Zuviel an Mitteln und das Zuwenig im Leben. Seine *Räuber* rezensiert er selbst: »Wenn ich Ihnen meine Meinung teutsch heraussagen soll – dieses Stück ist dem ohnerachtet kein Theaterstück. Nehme ich das Schießen, Sengen, Brennen, Stechen und dergleichen hinweg, so ist es für die Bühne ermüdend und schwer. Ich hätte den Verfasser dabei gewünscht, er würde viel ausgestrichen haben, oder er müßte sehr eigenliebig und zäh sein. Mir kam es auch vor, es waren zu viele Realitäten hineingedrängt, die den Haupteindruck belasten. Man hätte drei Theaterstücke daraus machen können, und jedes hätte mehr Wirkung getan. Man spricht indes langes und breites davon. Übermäßige Tadler und übermäßige Lober. Wenigstens ist dies die beste Gewähr für den Geist des Verfassers.« [NA 22,310 f.]

Am bekanntesten ist die Selbstanklage (und -entschuldigung) in der Ankündigung zur *Rheinischen Thalia*: »Ich schreibe als Weltbürger, der keinem Fürsten dient. Frühe verlor ich mein Vaterland, um es gegen die große Welt auszutauschen, die ich nur eben durch die Fernröhre kannte. Ein seltsamer Mißverstand der Natur hat mich in meinem Geburtsort zum Dichter verurteilt. Neigung für Poesie beleidigte die Gesetze des Instituts, worin ich erzogen ward, und widersprach dem Plan seines Stifters. Acht Jahre rang mein Enthusiasmus mit der militärischen Regel; aber Leidenschaft für die Dichtkunst ist feurig und stark, wie die *erste* Liebe. Was sie ersticken sollte, fachte sie an. Verhältnissen zu entfliehen, die mir zur Folter waren, schweifte mein Herz in eine *Idealenwelt* aus – aber unbekannt mit der *wirklichen*, von welcher mich eiserne Stäbe schieden – unbekannt mit den *Menschen* – denn die vierhunderte, die mich umgaben, waren ein *einziges* Geschöpf, der getreue Abguß eines und eben dieses Modells, von welchem die plastische Natur sich feierlich lossagte – unbekannt mit den Neigungen freier, sich selbst überlassener Wesen, denn *hier* kam nur *eine* zur Reife, eine, die ich jetzo nicht nennen will; jede übrige Kraft des Willens erschlaffte, indem eine einzige sich konvulsivisch spannte; jede Eigenheit, jede Ausgelassenheit der tausendfach spielenden Natur ging in dem regelmäßigen Tempo der herrschenden Ordnung verloren – unbekannt mit dem schönen Geschlecht, die Tore dieses Instituts öffnen sich, wie man wissen wird, Frauenzimmern nur, ehe sie anfangen interessant zu werden, und wenn sie aufgehört haben es zu sein – unbekannt mit Menschen und Menschenschicksal mußte mein Pinsel notwendig die mittlere Linie zwischen Engel und Teufel verfehlen, mußte er ein Ungeheuer hervorbringen, das zum Glück in der Welt nicht vorhanden war, dem ich nur darum Unsterblichkeit wünschen möchte, um das Beispiel einer Geburt zu verewigen, die der naturwidrige Beischlaf der *Subordination* und des *Genius* in die Welt setzte.« [NA 22,93 f.]

Seine Biografie ist für den jungen Schiller als einer der ersten Dichter Teil seines Werks. Anders als bei Wieland und Klopstock, anders als 1774 bei Goethe im *Werther* kommt diese Teilhabe bei Schil-

22

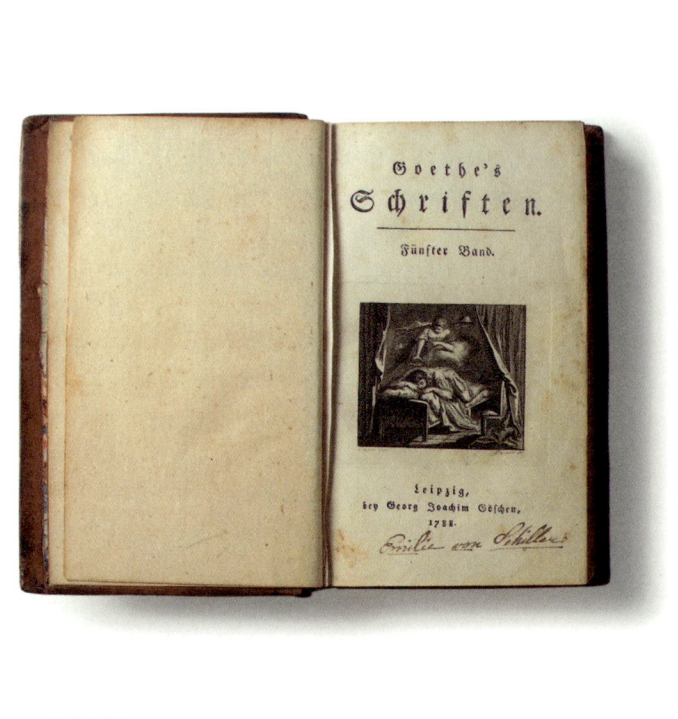

oben Aus Schillers Bibliothek:
Die Allegorie der Freiheit
nimmt dem schlafenden Egmont
den Hut ab und hält ihm den
Lorbeerkranz über das Haupt
(*Goethes Schriften*, Bd.V, 1788).

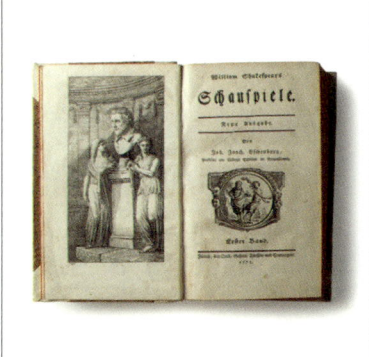

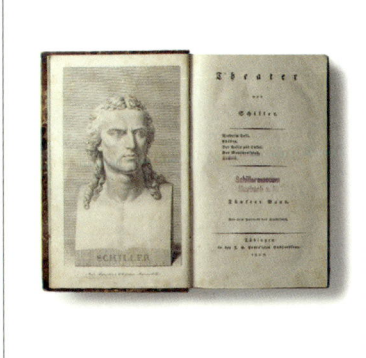

oben links Platz für die Lorbeer-
krönung des Lesers: Frontispiz
im *Musen-Almanach* 1794
(Göttingen: Dieterich).

unten Erste Werkausgabe,
zu Lebzeiten geplant, nach
dem Tod veröffentlicht: *Theater
von Schiller* (1805–07, 5 Bde.,
Tübingen: Cotta) mit Danneckers
1805 geschaffener »Kolossal«-
Büste als Frontispiz.

oben rechts Aus Schillers
Bibliothek: Shakespeare-
Verehrung in Johann Joachim
Eschenburgs Shakespeare-
Übersetzung (1775, Zürich: Orell,
Geßner, Füeßlin und Compagnie).

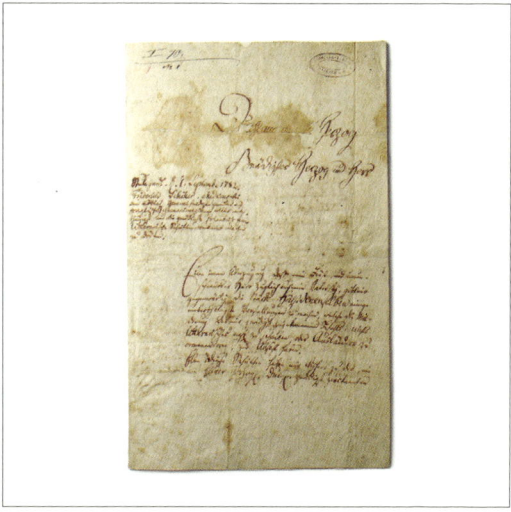

oben Erinnerungstücke im Größenvergleich: »Ein Lorbeerblatt von Goethes und ein Lorbeerblatt von Schillers Sarg, das längere von Goethes Sarg. Erinnerung an meinen Besuch in der Fürstengruft zu Weimar, Sonntag den 4. Febr. 1872. Hugo von Dönop«.

unten An Herzog Carl Eugen, Stuttgart 1. 9. 1782: »Eine innere Ueberzeugung, daß mein Fürst, und unumschränkter Herr zugleich auch mein Vater sey, gibt mir gegenwärtig die Stärke Höchstdenenselben einige unterthänigste Vorstellungen zu machen, welche die Milderung des mir gnädigst zugekommenen Befehls: nichts litterarisches mehr zu schreiben, oder mit Ausländern zu communiciren, zur Absicht haben.«

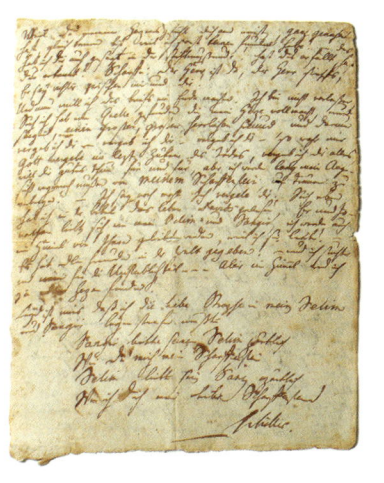

oben An den Schulfreund
Georg Friedrich Scharffenstein,
wohl Stuttgart 1776: »Es hat edle
Freunde in der Welt gegeben!
und ich suchte mir einen für
die Unsterblichkeit – – –
Aber im Himmel werd ich ja
edle Herzen finden!«

unten Die letzten Verse, an
denen Schiller vor seinem Tod
geschrieben haben soll – Monolog
der Zarin Marfa im *Demetrius*:
»Ich habe nichts als mein Gebet
und Flehn, / Das schöpf ich
glühend aus der tiefsten Seele, /
Das send ich gläubig in die
Himmelshöhen, / Wie eine
Heerschaar send ich dirs entgegen, [...] / Der Mutter Thränen
und der Mutter Seegen, / Das
send ich hinauf in alle Himmels
Höhen / Send ich wie eine Heerschaar dir entgegen! / Die Thränen alle die ich nächtlich weinte«.

ler zustande, weil er als armer Jüngling gegen einen reichen Herrscher rebelliert (»Und wenn Goethe mit seinen Jugendproducten, wie er selbst erzählt, immer ganz zufrieden war, so hatte Schiller an den seinigen mehr zu tadeln, als zu loben: Goethe ließ sich zum Dichter werden, Schiller machte sich zum Dichter«, spitzt es ein früher Biograf zu [Karl Hoffmeister, *Schillers Leben für den weitern Kreis seiner Leser*, erg. und hrsg. von Heinrich Viehoff, Tl. 1, Stuttgart 1846, S. 126]). Der Motor seiner Vita ist die Selbsterhebung, ihre Besonderheit ein zum Vatermord stilisierter Gesetzesverstoß: »Die ganze sittliche Welt hat den Verfasser [der *Räuber*] als einen Beleidiger der Majestät vorgefodert. – Seine ganze Verantwortung sei das *Klima*, unter dem es geboren ward. Wenn von allen den unzähligen Klagschriften gegen die Räuber eine einzige mich trifft, so ist es diese, daß ich zwei Jahre vorher, mich anmaßte, Menschen zu schildern, ehe mir noch einer begegnete.

Die Räuber kosteten mir Familie und Vaterland – – In einer Epoche, wo noch der Ausspruch der Menge unser schwankendes Selbstgefühl lenken muß, wo das warme Blut eines Jünglings durch den freundlichen Sonnenblick des Beifalls munterer fließt, tausend einschmeichelnde Ahndungen künftiger Größe seine schwindelnde Seele umgeben und der göttliche Nachruhm in schöner Dämmerung vor ihm liegt – mitten im Genuß des ersten verführerischen Lobes, das ungehofft und unverdient aus entlegenen Provinzen mir entgegen kam, untersagte man mir in meinem Geburtsort bei Strafe der Festung – zu *schreiben*. Mein Entschluß ist bekannt – ich verschweige das übrige, weil ich es in keinem Falle für anständig halte, gegen denjenigen mich zu stellen, der bis dahin mein Vater war. Mein Beispiel wird kein Blatt aus dem Lorbeerkranz dieses Fürsten reißen, den die Ewigkeit nennen wird. Seine Bildungschule hat das Glück mancher Hunderte gemacht, wenn sie auch gerade das meinige verfehlt haben sollte.« [NA 22,94 f.]

***

Wenn nach Adalbert Stifter der Dichter zwei Wege hat, unsterblich zu werden, den Weg zur Hölle und den zum Himmel, so liegen für Schiller Himmel und Hölle auf einem einzigen Weg. In der Vorrede zu ersten Auflage der *Räuber* heißt es: »Wer sich den Zwek vorgezeichnet hat, das Laster zu stürzen, und Religion, Moral und bürgerliche Geseze an ihren Feinden zu rächen, ein solcher muß das Laster in seiner nakten Abscheulichkeit enthüllen, und in seiner kolossalischen Grösse vor das Auge der Menschheit stellen – er selbst muß augenblicklich seine nächtlichen Labyrinthe durchwandern, – er muß sich in Empfindungen hineinzuzwingen wissen, unter deren Widernatürlichkeit sich seine Seele sträubt.« [NA 3,5 f.]

Auch Schillers Dramen sind ohne Himmel und Hölle nicht denkbar. Die beiden Worte »Himmel« und »Hölle« sind auf der den Blick nach oben und unten, rechts und links beschränkenden Guckkastenbühne die Nachfolger der Maschinengötter und -geister. Sie vergegenwärtigen Himmel und Unterwelt im Hier und Jetzt, reduzieren die Welt auf das Spielfeld und letztlich auf den kleinsten möglichen Punkt auf diesem: die Seele seiner Helden. Die Eindrücklichkeit der Schiller'schen Figuren (und gelegentlich auch ihre Komik) hängt davon ab, in welchem Ausmaß ihnen Himmel und Hölle innerlich sind. »[D]er Himmel und Ferdinand reissen an meiner blutenden Seele«, so klagt Luise in *Kabale und Liebe* [NA 5,20]. »Ein Wink / ein halber Blick, – ein Laut aus Ihrem Munde / wirft zwischen Höll' und Himmel mich herum, / gebietet mir zu sein und zu vergehen«, gesteht Don Karlos seiner Mutter [NA 6,41]. »*Ich* bin mein Himmel und meine Hölle«, behauptet Karl Moor in den *Räubern* [NA 3,110].

Beinahe jeder von Schillers Himmels-Sätzen stellt auf die Probe, wie viel Himmel auch ohne Gott auf der Welt möglich ist, wie viel Himmel im Menschen selber liegt. »Scharffenstein: Der Herr ist da, der Herr siehts, Er sey Richter zwischen mir und Dir!

Und nun will ich des Briefs ein Ende machen. Ich bin nicht verlaßen, Sieh ich hab eine Quelle gefunden die mein Herze vollmacht, und seegnet, einen großen, großen herrlichen Freund, und darum vergeb ich Dir – vergeb ich Dir – vergeb ich Dir – so wahr mir Gott vergebe im lezten Zuken des Todes, vergeb ich Dir alles, will Dir gutes thun für und für, aber ich werde lang mein Angesicht wegwenden müßen von meinem Scharffenstein, um Tränen zu verbergen! – Ich sag noch mahl Ich vergebe Dir; Sieh eben hab ich in der Bibel das Leben Davids gelesen, Er und Jonathan liebten sich wie mein Selim und Sangir, ich werde auch im Himmel von ihnen geliebt werden, weil ich sie liebe! – – Es hat edle Freunde in der Welt gegeben! – und ich suchte mir einen für die Unsterblichkeit – – – Aber im Himmel wird ich ja edle Herzen finden!«. [An Georg Friedrich Scharffenstein, undatiert, 1776?]

* * *

Der Hut steckt den Himmel von unten ab. Himmel ist, was darüber liegt. Das wohl bekannteste Wörterbuch der Zeit, der *Adelung* (1766–86), führt bei seiner Definition nicht, was erwartbar wäre, von oben nach unten, sondern vom konkreten kleinen Himmel hinauf in den großen, ungreifbaren Raum: »*Der Himmel,* des -s, *plur. ut nom. sing.* ein altes Wort, welches ehedem eine jede, besonders eine gewölbte oder hohle Decke bedeutete. 1. Eigentlich, in welcher Bedeutung es nur noch in einigen Fällen üblich ist. Die bewegliche, größten Theils von kostbarem Zeuge verfertigte Decke, welche bey gewissen Feyerlichkeiten über vornehme Personen getragen, oder über ihren Sitz befestiget, und mit einem ausländischen Worte ein Baldachin genannt wird, ist noch unter dem Nahmen eines Himmels, eines Prachthimmels, eines Tragehimmels, eines Thronhimmels bekannt. [...]. (c) Der ganze Raum, welchen das Sonnen-System einnimmt, und in weiterer Bedeutung der Raum, welchen ein jeder Fixstern mit seinen Planeten einnimmt. In Ansehung des Sonnen-Systems nennet man diesen Himmel zuweilen gleichfalls den Lufthimmel, weil er mit einem feinen, der Luft ähnlichen flüssigen Wesen ausgefüllet seyn soll. (d) In noch weiterer Bedeutung, der ganze unermeßliche Weltraum außer der Erde, mit allen darin befindlichen Weltkörpern; der Sternenhimmel, in der Deutschen Bibel das Firmament, die Feste des Himmels.« [Johann Christoph Adelung, *Grammatisch-kritisches Wörterbuch der Hochdeutschen Mundart*, Tl. 2, Wien 1811, Sp. 1174 – 1176.]

Das Wörterbuch legt eine Wendung nahe, die auch bei Schiller häufig ist. »Liebe macht den Himmel / Himmlischer – die Erde / Zu dem Himmelreich« [NA 1,75], so beginnt der *Triumph der Liebe*. Der Himmel auf Erden liegt unterhalb der Hutlinie. »Ich bin *hier*, im Schooße unsrer lieben, aufgehoben wie im Himmel«, schreibt der 26-jährige Schiller am 13. September 1785 aus Dresden an seinen 21-jährigen Freund Ludwig Ferdinand Huber. Und er fährt fort: »Ich würde es wagen, Dich in das Innre meiner Seele hineinzuführen, und Dir die Geschichte meines Herzens von gestern an zu beschreiben, wenn ich Dich solange könnte vergeßen machen, daß ich Dichter bin. Laß Dir's also mit troknen Worten mahlen: Mir ist wohl, und in der jezigen Faßung meines Gemüths kenne ich keine andere Besorgniß mehr, als die Furcht vor dem allgemeinen Loos der Zerstörenden Zeit.« Der Beteuerung zum Trotz, nicht als Dichter zu schreiben, leitet er damit jedoch nur ein Zitat aus seinem Gedicht *Die Freundschaft* ein, das die Furcht vor der zerstörerischen Kraft der Zeit mit einem Spiegeltrick überlistet: »Erblike in mir Dein eigenes Schiksal. Wie mir jezt ist wird Dir in wenigen Wochen auch seyn – Betrachte mich also als den

– – ›selgen Spiegel Deiner Seligkeit‹«.

Wie in dem Brief an Scharffenstein markieren auch hier die wiederholten Gedankenstriche, wo Schillers Himmelreich mit ihm als Dichterfürst beginnt. Sein Leser ist Bild nach seinem Bilde.

* * *

Wenn Schiller in seinen Briefen das Wort »Himmel« verwendet, so sind sie oft an seine verschiedenen Vaterfiguren gerichtet (von Herzog Karl Eugen über Kaspar Schiller und den Förderer Friedrich Christian von Augustenburg hin zu seinem Verleger Cotta), aber auch an Freunde und Freundinnen, die Ehefrau und die Mutter. Manchmal wird dabei der Adressat in den Himmel gerückt (»Zu einer Zeit, wo die Ueberreste einer angreifenden Krankheit meine Seele umwölkten und mich mit einer finstern traurigen Zukunft schreckten, reichen Sie mir, wie zwey schützende Genien, die Hand aus den Wolken«, so an Friedrich Christian von Augustenburg und Ernst Heinrich von Schimmelmann, 19.12.1791). Häufig ist der Himmel aber selbstverständlich, umgangssprachlich, also weder allegorisch ausgedeutet noch zur Ausweitung des Bühnen- oder Briefraums eingesetzt. »Es ist mir immer himmlisch wohl, wenn ich beschäftigt bin, und meine Arbeit mir gedeiht« [an Johann Kaspar und Elisabetha Dorothea Schiller, 8.11.1793]. Oder: »Hier kann ich nichts, als wünschen und bitten, dass der Himmel alles noch gut lenken möge. [...] Der Himmel erhalte Sie, und mache es mit uns allen beßer« [an Johann Kaspar Schiller, 21.3.1796], »Leben Sie recht wohl und der Himmel laße Sie unter denjetzigen Umständen kein Unglück erfahren« [an Johann Friedrich Cotta, 13.7.1796]. »Der Himmel führe Sie mit den Ihrigen fröhlich und gesund in das 1805te Jahr Christi, und das Eilfte unsrer Freundschaft!« [An Johann Friedrich Cotta, 23.12.1804.]

Da hat sie sich schon wieder eingeschlichen, die Logik, sich selbst durch Anrufen des Himmels in diesen zu erheben und zwei Zeitrechnungen aufzumachen: »das 1805te Jahr Christi, und das Eilfte unsrer Freundschaft«. An die Schwestern Caroline von Beulwitz und Charlotte von Lengefeld schrieb Schiller am 29. August 1789 aus Jena: »Nur zwey Worte meine Lieben, es ist Posttag und ich kann ihn nicht vorübergehen laßen, ohne euch zu grüßen. Der Himmel ist heute so heiter, und meine Seele ist es auch«. Auch hier ist letztlich er es und nicht der Himmel, den die beiden in sich haben: »Ich vermuthe euch jetzt im Garten, der reine Himmel über euch und in euch, vielleicht denkt ihr meiner. Ja ihr denkt an mich – eine leise Ahndung sagt es mir – unsre Seelen sind einander gegenwärtig«. Ein Dichter kann nur dichten, auch dann, wenn er die Wahrheit sagt.

Stirn und Haar

Gestern war die letzte Redoute, ich war aber nicht darauf. Ein drückendes Kopfweh hat mir alle Lustbarkeit verleidet. Ich kann Ihnen also von diesen Herrlichkeiten gar nichts erzählen«, schrieb Schiller am 25. Februar 1789 an Charlotte von Lengefeld. Im *Fiesco*, dessen Personenverzeichnis so reich an Charakter- und Stimmungsfarben ist, sagt Julia: »Aber ich habe Kopfweh, und werde zu Hause bleiben.« [NA 4,81.] Der Schmerz im Kopf ist mehr als quälendes Leiden und praktische Ausrede. Kopfweh, Melancholie und Genie, Leiden am Leben und große Taten scheinen ursächlich zusammenzugehören. Bereits Aristoteles hat (so Cicero, Tusc. I,33) bemerkt, dass alle außergewöhnlichen Menschen Melancholiker sind: »omnes ingeniosos melancholicos esse« (Cicero bezieht sich hier auf Aristoteles' *Problemata* 30,1). Adolf Glaßbrenner legte einem seiner Helden die Berliner Fassung in den Mund: »Schade is es, aber es is alle jroßen Männer nich besser jejangen. Moses starb an Heimweh, Karl der Jroße an Altersschwäche, Schiller an Koppweh, Napoljon an de enjelsche Krankheit, und ich habe die Kolike.« [Adolf Glaßbrenner, *Welt im Guckkasten. Ausgewählte Werke in zwei Bänden*, hrsg. von

links Unterstützt die heilende
Kraft des Drucks durch Farbe:
Schillers Band gegen Kopfweh.

Gert Ueding, Bd. 1, Frankfurt a. M. 1985, S. 113.] »Wen die Götter lieben, der stirbt jung«, so hieß es bei Menander.

* * *

Schillers Wirkung und der Kult um ihn, der so viele Haarlocken von »seinem heiligen Haupte« in die Welt gesetzt hat, sind ohne seinen frühen Tod und seine zahlreichen Krankheiten zum Tode nur un-

vollständig zu erklären. Über die Krankheit seines Mitschülers Grammont berichtete der 21-jährige Schiller: »Die ganze Krankheit ist meinen Begriffen nach nichts anders als eine wahre *Hypochondrie*, derjenige unglückliche Zustand eines Menschen, in welchem er das bedaurenswürdige Opfer der genauen Sympathie zwischen dem Unterleib und der Seele ist, die Krankheit tiefdenkender, tiefempfindender Geister und der meisten großen Gelehrten«. [NA 22,19.] Schiller selbst, der bei sich diagnostizierte, »die Hypochondrie [sei] mehr im Unterleib und in der Brust, als im Gemüth« [an Wilhelm und Christophine Rheinwald, 31.5.1793], und die Fähigkeit zu hoffen seine herausragende Eigenschaft nannte, ließ sich wiederholt in der typischen Pose des Melancholikers darstellen. Auf einem 1794 von Johann Gottfried Müller nach einem Gemälde von Anton Graff angefertigten Kupferstich in der Reihe der *Suiten von Staatsmännern und Gelehrten* stützt er sein Haupt sinnend auf die rechte Hand. Justinus Kerner erinnert sich in seinem *Bilderbuch aus meiner Knabenzeit* an ›seinen‹ Schiller: In einer kleinen Werkausgabe »ist er sitzend, den Kopf auf die Hand gelehnt, die Beine übereinandergeschlagen, abgebildet, und so saß er fast jedesmal auf der Schranne an unserem Schultische mir gegenüber« [*Justinus Kerners Gesamtwerke*, 4 Bde. hrsg. vom Justinus Kerner-Verein in Weinsberg, Bd. 2, Weinsberg [1909], S. 17].

* * *

Die Hand am Kopf ist nicht nur eine Bildformel. Um 1800 wurden dem »tierischen Magnetismus« der Akupressur große Heilkräfte zugeschrieben. So wie in der Physiognomik die einzelnen Regionen des Gesichts eine eigene Bedeutung erhielten, wurde auch der Kopf, das Gehirn zunehmend differenziert erfasst. Der Wiener Mediziner Franz Joseph Gall, ein Jahr älter als Schiller, lokalisierte in verschiedenen Bereichen unterschiedliche Funktionen. Wer ihm glaubte, der wusste, welche Regionen er berührte, wenn er sich die Hand an die rechte Schläfe hielt: »Frohsinn/Witz«, »Ideensinn/Vervollkommnung«, »Sinn für Naturschönheiten«, »Ton-, Zeit- und Ortsinn«, »Denken« oder auch »Kalkulation«. Ein um den Kopf gewickeltes Tuch konnte auf »Mut« und »Ruhe« treffen, auf »Freundschaft und Hingebung«. In Eigentherapie setzte der Arzt Schiller die heilende Hand offenbar durch ein Stirnband an, das die Kraft des Drucks durch seine Farbe unterstützte: Rot, in der Humoralpathologie als Farbe des heiteren Sanguinikers komplementär zum Blau des Melancholikers, bringt das Blut in Wallung. Es soll gesprächig und leidenschaftlich machen, für eiterfreie Wunden sorgen und gegen Asthma, Kehlkopfleiden, Anämie, nässende Flechten und Frostschäden helfen. Der *Adelung* definiert: »*Roth, röther, rötheste, adj. et adv.* welches der Nahme einer lebhaften Farbe, und einer Eigenschaft der Körper ist, nach welcher sie diese Farbe an sich haben, wo doch nicht einerley Farbe mit diesem Worte bezeichnet wird. [...] Vermuthlich ist es der Begriff der schnellen Bewegung, weil doch die rothe Farbe eine der lebhaftesten ist, welche die Gesichtsnerven am stärksten rühret; und alsdann würde dieses Wort zu den Abkömmlingen der Zeitwörter reiten und reisen gehören«. [Johann Christoph Adelung, *Grammatisch-kritisches Wörterbuch der Hochdeutschen Mundart*, Bd. 3, Tl. 3, Wien 1811, Sp. 1172 f.] In Goethes Farbenkreis von 1809 steht das Rot schlicht für eine menschliche Eigenschaft: »schön«.

* * *

Dass das rote Tuch, in Marbach zunächst von einem Schwaben archiviert (»Tuch *für* Kopfweh«), dem rotblonden Schiller gehört haben könnte, ist nicht unwahrscheinlich. Er kannte die ikonografische, nicht nur die psychosomatische Wirkung des (roten) Stirnbands. In der Bibel ist das (goldene) Stirnband eine Auszeichnung der Guten. In der Antike kennzeichnete es jene, die Herausragendes geleistet hatten, beispielsweise siegreiche Athleten. Der bartlose Gott Apoll trägt häufig eins, der Dramatiker Sophokles und, wie auf dem Frontispiz von Lessings *Briefen die Neueste Literatur betreffend* (1761) und im Hintergrund des Schillerporträts von Ludovike Simanowiz zu sehen, der bärtige Urvater der Dichter, Homer. Später, lang nach Schiller, aber nicht fern von ihm, wird es zum Markenzeichen anderer Heroen: Winnetou (Pierre Brice), Rambo (Sylvester Stallone), John McEnroe. Lange Haare oder wenigstens Locken gehören selbstverständlich dazu. Sie sind Zeichen der Kraft und Draht zu den Göttern, aber auch erotische, erogene wie aphrodisierende Medien. Dieselbe Julia, die Kopfweh hat, zieht Fiesko durch ihre Haare in ihren Bann: »FIESKO. O bleiben Sie schöne gnädige Frau. Das Frauenzimmer ist nie so schön, als im Schlafgewand *lächelnd* es ist die Tracht seines Gewerbes – Diese hinaufgezwungene Haare – Erlauben Sie, daß ich sie ganz durcheinanderwerfe. JULIA. Daß ihr Männer so gerne verwirret! FIESKO *unschuldig gegen Gianettino*. Haare und Republiken! Nicht wahr, das gilt uns gleichviel?« [NA 4,80.]

* * *

Die Bilder und Skulpturen, die es von Schiller gibt, bemühen durch Verwandeln und oft sogar Zusammenziehen mehrerer Motive den ganzen Fundus der Künstler- und Heldenikonografie. Schiller kannte so gut wie die Maler, Grafiker und Bildhauer die Topoi, die um 1800 in Shakespeare- und Tasso-Ausgaben das Porträt der Nationaldichter bestimmten und in der Erinnerungs- und Empfindsamkeitskultur der Zeit auch im privaten Bereich weit verbreitet waren. Längst nahm man die Motive nicht mehr ganz ernst, wusste um ihren künstlich-sentimentalischen Charakter und spielte umso lieber mit ihnen. Die Gewandbüste etwa, die sich Schiller von Dannecker 1794 anfertigen ließ, um sie als seinen plastischen Stellvertreter den Eltern und dem Freund Christian Gottfried Körner zu schenken, ist in England schon vor Schiller aus dem Bereich des antiken und barocken Herrscherporträts ins Repertoire des Dichterbildnisses gelangt. Auf dem Frontispiz der *Letters of the late Rev. Mr. Laurence Sterne, to his most intimate friends [...] published by his daughter, Mrs. Medalle* (1775) ist die Büste des Autors Teil eines Freundschaftsaltars. Während Vater Schiller seinen Abguss aus Platzgründen »in einem Kasten« aufbewahrt [NA 35,156.], lobt Schiller an seiner Gewandbüste mit der Ausführung den Künstler wie den Dargestellten:»Ganze Stunden könnte ich davor stehen, und würde immer neue Schönheiten an dießer Arbeit entdecken. Wer sie noch gesehen, der bekennt, daß ihm noch nichts so ausgeführtes, so vollendetes von Sculptur vorgekommen ist. Ich selbst habe einige Abgüße von Antiken in meinem Zimmer stehen, die ich seitdem nicht mehr ansehen mag.« [An Johann Heinrich Dannecker, 5.10.1794].

* * *

Als ob er auf sie einen Eid schwören müsste, so stützt Schiller auf Anton Graffs Porträt (1786) den Kopf in die eine Hand und greift mit der anderen nach einer Tabaksdose. Der Zeige- und der Mittelfinger (der wegen seiner Länge dem Saturn zugeordnete »Himmelsfinger«) ruhen auf der Dose – so wie die Fingerspitzen bei Albrecht Dürers Selbstporträt von 1500 unter dem Pelzkragen des Mantels auf die Herzgrube zeigen und auf anderen Bildern auf die Attribute des Dargestellten: Bücher, Handwerkszeug und Pinsel, bei Venus auf die Brüste und bei Christus auf die Wundmale. Auf dem Simanowiz-Porträt (1793) ist Schillers Haupt zwar ebenfalls geneigt, die rechte Hand jedoch hängt lose herab, die linke greift unter den Rock. Die erst später mit Napoleon verknüpfte Geste erleichterte der Malerin die Arbeit, sie musste den schwierigen Handrücken nicht ausführen. In späteren Stichen wird die Homer-Büste im Hintergrund durch ein den Blick in einen Garten öffnendes, weinlaubumranktes Fenster

oben Schiller, den Kopf in die
eine Hand gestützt, die andere an
der Schnupftabakdose: Kupferstich von Johann Gotthard Müller
(1747–1830) nach Anton Graffs
Gemälde (1786).

unten Aus Schillers Bibliothek:
Homer, der Urvater der Dichter,
mit Stirnband in Lessings *Briefen,
die Neueste Litteratur betreffend*
(erste Nummer, 1761, Berlin:
Nicolai).

oben Mit Homer, die linke
Hand unterm Rock: Stahlstich
von Charles Louis Schuler
(1785–1852) nach Ludovike
Simanowiz' Schiller-Porträt
von 1793.

unten Fenster mit Aussicht
statt Homer: Stahlstich von
Rudolf Rahn (1805–1868),
1844 Frontispiz für *Schillers
sämtl. Werke* (Cotta).

oben Verbindung zweier Schiller-Bildtypen: Gemälde von Franz Seraph Stirnbrand (1788?–1882), mit Schiller à la Simanowiz und einem Bild ›seiner‹ Laura in der Pose der Melancholiker.

unten Anton Fernkorns (1813–1878) Nachbildung des Stuttgarter Schiller-Denkmals von Bertel Thorvaldsen, 1839, mit den Tierkreiszeichen des Geburts- und Todesdatums (Skorpion und Stier) auf dem Sockel.

oben Im schlichten Falten-
gewande der Unsterblichen im
Brevier lesen: »Schillers Apo-
theose« (vermutlich nach 1805)
von Luise Duttenhofer.

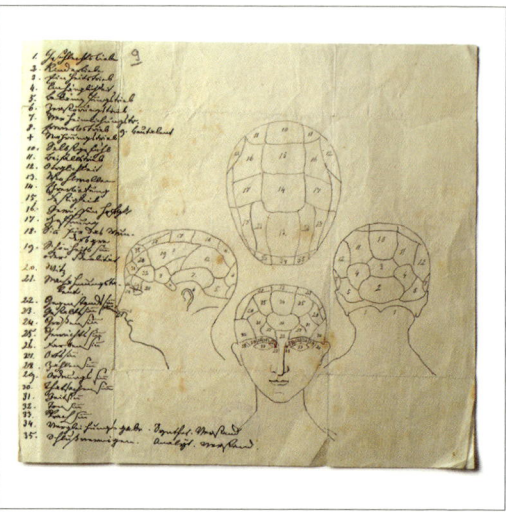

oben Schädelkunde: Eduard Mörikes »Notizen zu Galls Schädellehre«.

unten Ein Germane als Imperator, nach dem Tod 1805 gemalt von Johann Heinrich Wilhelm Tischbein (1751 – 1829): Schiller mit der den römischen Kaisern vorbehaltenen roten Toga und dem am Oberkopf zusammengebundenen Haarschopf der Germanen.

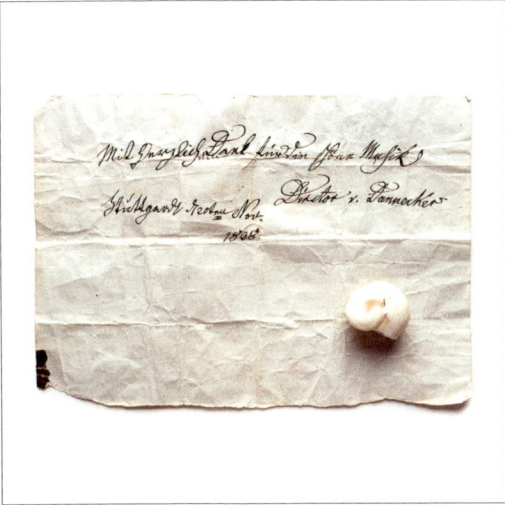

oben Eine von vielen: mit Verpackung (eine Seite aus einer Lebensbeschreibung des Erfinders der Homöopathie, Sebastian Hahnemann) überlieferte »Schiller-Locke«.

unten Als hätte der Jüngling Thanatos, der jedem, der stirbt, eine Locke abschneidet, seine Beute in Marmor gehauen: Locke, die der Bildhauer Dannecker 1838 von seiner Hermesbüste abgeschlagen hat.

ersetzt oder der Schreibtisch gleich in die Natur hinaus gestellt; der Mittelfinger der linken Hand liegt in einem Buch oder berührt eine Federspitze, die rechte Hand ruht im Schoß. Bertel Thorwaldsens Denkmal zeigt Schiller, wie er mit der Rechten das antikisierende Gewand zusammenrafft und es auf der Herzseite gegen seine Brust drückt. Auf Franz Seraph Stirnbrands Gemälde kommt fast alles zusammen: das geneigte Haupt und die Körperhaltung von Simanowiz, ein Manuskript in der Linken im Schoß, die Feder in der Rechten, das mutmaßliche Porträt von Schillers Laura an der Wand, die sich nun statt seiner den Kopf hält. Auf dem Boden zu Füßen des Dichters ein Hund, der Gefährte der Melancholiker. Einzig die Locken sind weniger, das Haar schütterer geworden, die Farbe ist ihm aus dem Gesicht gewichen.

* * *

Weniger oft aufgegriffen wurde ein anderes Schillerporträt, obgleich von ihm mehrere Repliken existieren und es, als eines der ersten, eine Schiller-Ausgabe schmückte: Im antikisierendem Gewand und mit auffälliger Haartracht malte Johann Heinrich Wilhelm Tischbein 1805 den schon todkranken Schiller nach dem Modell von Danneckers Gewandbüste. Anders als bei dieser trägt Tischbeins Schiller die Haare auf der Seite nicht lang und lockig, sie sind nicht aus der Stirn gekämmt, sondern fallen, zu einem merkwürdigen Knoten gewickelt, in sie hinein. Ob die Stirnfransen, ohne tatsächlich beschnitten zu sein, an den Tituskopf, die Haartracht der Römer erinnern sollten? Ob der Schopf der Germanen hineinspielt, den die römischen Triumphbogen zeigen? Oder denkt Tischbein an Kairos, den griechischen Vorläufer der römischen Occasio, der Göttin Gelegenheit? Er und sie hatten »die Haare vorn über der Stirne fliegen [...], weil man sie bey ihrer Ankunft ergreifen muß«. Im Nacken waren sie kahl, »weil sie nicht wieder zu fassen [...], wenn sie einmal vorbey« sind [Benjamin Hederich, *Gründliches Mythologisches Lexikon*, Leipzig 1770, Sp. 1757].

Beide haben ein Rasiermesser in der Hand (weil bei ihnen das Glück auf »Messers Schneide« steht), und beiden haben wie Merkur Flügelhut und Flügelschuhe.

Die Verbindung zwischen Schillers Locke und dem Schopf des Kairos ist nicht die wahrscheinlichste, jedoch die reizvollste. Die Kunst und Literatur des ausgehenden 18. Jahrhunderts verwandelt, das macht sie unverwechselbar, Allegorien in natürliche Episoden.

Goethe hat mit seinem *Faust* dem Ergreifen des Kairos (»Verweile doch, du bist so schön«) ein ganzes Drama gewidmet und die Göttin Gelegenheit mehrfach in erotisch attraktiven Figuren erfasst, sei es im *Wilhelm Meister* mit der blondgelockten und leicht beschuhten Philine, sei es in der vierten *Römischen Elegie*:

»Gern ergibt sie sich nur dem raschen thätigen Manne;

Dieser findet sie zahm, spielend und zärtlich und hold.

Einst erschien sie auch mir, ein bräunliches Mädchen, die Haare

Fielen ihr dunkel und reich über die Stirne herab,

Kurze Locken ringelten sich um's zierliche Hälschen,

Ungeflochtenes Haar kraus'te vom Scheitel sich auf.

Und ich verkannte sie nicht, ergriff die Eilende, lieblich

Gab sie Umarmung und Kuß bald mir gelehrig zurück.

O wie war ich beglückt! – Doch stille, die Zeit ist vorüber,

Und umwunden bin ich, römische Flechten, von euch.«

[*Goethes Werke* (Weimarer Ausgabe), Abt. I, Bd. 1, S. 237 f.]

* * *

Dem Dichter, der es verstehen muss, die Gelegenheit beim Schopf zu packen, wachsen im Lauf der Zeit die Locken als festes Attribut zu. »Und sieh! in der Fürsten umgebenden Kreis / Trat der Sänger im langen Talare, / Ihm glänzte die Locke silberweiß« [NA 2.1,277], heißt es in Schillers *Der Graf von Habsburg.* Schillers viele Locken stammen auf den ersten Blick alle von verschiedenen Köpfen, sind blond und braun, nur manchmal rot, dick und dünn, lang und kurz, in

Medaillons gefasst, zu Ringen gewunden, in Kästchen und Kuverts gelegt. »Schiller / Haare«. »Schillers Locken«. »Daß diese Haare von Friedrich von Schiller sind beurkundet der älteste Sohn deßelben Stuttgart d. 13. febr. 1855 Ernst von Schiller«. Sie waren zu Lebzeiten Freundschaftszeichen, nach dem Tod Andenken und Wertanlage. Sogar eine Marmorlocke ist darunter: Wohl 1838 soll Dannecker sie im umnachteten Zustand von seiner Kolossalbüste abgeschlagen haben. Auf das Papier, in das er Teile eingewickelt hat, notierte er: »Mit herzlich [sic] Dank für die schöne Musik. / Director v. Dannecker / Stuttgart d. 20ten Nov / 1838«.

Augen und Mund

E s gehört zu den liebenswürdigen Eigenschaften von Spiegeln, dass sie zwar nicht lügen, aber vergessen. Falls Schiller je in den in seinem Nachlass bewahrten Handspiegel geschaut hätte – die eingefangenen Spiegelbilder sind verloren. Wer in den Spiegel sieht, der sieht immer nur sich selbst. »Sapere aude«, schrieb Schiller 1792 in das Stammbuch von Christian Rausch. Und ergänzt: »Memoriæ causa scripsit« (›Um des Andenkens willen geschrieben‹) [NA 2.1,102]. Denn der Mensch ist vergesslich (später wurde von unbekannter Hand sogar noch das »F.« des Vornamens ergänzt zu »Friedr.«).

Schiller zitiert das »Sapere aude« drei Jahre später in seiner Abhandlung *Über die ästhetische Erziehung des Menschengeschlechts* erneut [vgl. NA 20,331], es ist nicht nur durch Kant zum Wahlspruch der Aufklärer geworden (»Wage es, dich deines eigenen Verstandes zu bedienen«), es stammt aus einem Zusammenhang, der zum Mut und nicht zur Vorsicht mahnt. Frisch gewagt, ist halb gewonnen. Im Original bei Horaz: »Dimidium facti, qui coepit, habet: sapere aude, incipe« (Epist. I 2,40) – ›die Hälfte der Tat hat der, der (bereits) ange-

links Handspiegel aus Schillers Nachlass.

fangen hat; wage zu wissen, fang an!‹ Das lateinische *sapere*, das Wissen und Verstehen, meint im konkreten Sinn auch ›schmecken‹, ›riechen‹. Da Schillers Spiegel nur uns selber reflektiert, fangen wir doch einfach damit an, uns vorzustellen, was er gesehen und geschmeckt hat, was ihm vor Augen und auf der Zunge lag. Anhaltspunkte dazu gibt es genug, nicht nur in Anekdoten und Briefe, sondern vor allem in seinen literarischen Werken, die so entworfen sind, dass man als Leser auf einen besondere Weise Augen und Mund bekommt.

* * *

Die Schiller'schen Texte sind anschaulich und sprechbar, erstaunlich robust im Hinblick auf die verschiedensten Illustrationen und Deklamationen. Man kann mit ihnen nahezu alles anstellen, sie schwäbelnd lesen, wienerisch, platt, man kann sie parodieren, lispeln, markig skandieren oder die Verse in Prosa auflösen. Das liegt zum einen an ihrer Neigung zur Sentenz, ihrer gleichsam aus dem Barock überkommenen himmlisch-höllischen Bühnenmaschinerie und ihrer Gliederung in Arie und Rezitativ, Monolog und Dialog. Zum anderen an der besonderen Weise, wie sie einen Leser zum Sprechen und Sehen bringen. Sie geben nicht einfach Bilder und Sätze vor. Sie fordern uns auf, diese in uns selber zu formulieren, indem sie uns immer nur die halbe Wahrheit zeigen, Bild und Sprache bewusst unvollständig abbilden. Wo es um das Sehen geht, um Farben, Licht und Schatten, bevorzugt Schiller die Brechung und Reflexion. Das kann so simpel und balladesk anmuten wie in *Die vier Weltalter*: »Wohl perlet im Glase der purpurne Wein, / Wohl glänzen die Augen der Gäste, / Es zeigt sich der Sänger, er tritt herein, / Zu dem Guten bringt er das Beste, / Denn ohne die Leier im himmlischen Saal / Ist die Freude gemein auch beim Nektarmahl.« [NA 2.1,193]. Aber auch so kompliziert und modern wie im *Demetrius*: »Und jezt fiels auch wie Schuppen mir vom Auge! / Erinnrungen belebten sich auf einmal / Im fernsten Hintergrund vergangner Zeit; / Und wie die lezten Thürme aus der

Ferne / Erglänzen in der Sonne Gold, so wurden / Mir in der Seele zwey Gestalten hell, / Die höchsten Sonnengipfel des Bewußtseyns.« [NA 11,14.] Im ersten Beispiel ist der purpurne Wein durchs Glas gebrochen wie in seinem Glanz gesteigert, analog dazu sind die Augen der Menschen Gläser der Seele und fangen die Spiegelungen des inneren Befindens genauo ein wie das Bild des hereintretenden Sängers. Im zweiten wird ein äußeres Bild nur beschrieben, um als Metapher ein inneres Bild zu reflektieren, das sonst nicht greifbar wäre: zwei Erinnerungsgestalten, die wie »lezte Thürme aus der Ferne« in der Sonne glänzen. Was man sehen kann, ist in beiden Fällen nicht das, was man eigentlich sehen soll, und dennoch ist es notwendig, den Leser zu diesem Umweg, dieser richtigen, aber nicht eigentlichen Vorstellung zu bringen. Bevor er genau verstanden hat, was er sehen soll, hat er schon den Reflex erhascht, den Glanz, das Perlen und Schimmern.

* * *

Die Farben helfen Schiller bei der poetischen Welterzeugung, sind Mittel, um den Effekt einer Sache zu beschreiben und somit ihren Zustand zu evozieren. Das Erröten oder Erblassen des Gesichts, das Glänzen oder Mattwerden der Augen lässt einen Seelenzustand anschaulich werden. Umgekehrt werden mit den nur in einer Spiegelung reflektierten Bildern und Lichtstrahlen und den opaken, farbigen, milchigen, gefrorenen oder glühenden Aggregatzuständen die äußeren Zustände in innere Bilder verwandelt. Bei den Arbeiten zum *Wilhelm Tell* sammelte Schiller solche optischen, Mensch und Natur, äußere und innere Bereiche in Verbindung bringenden Motive: »Milchweißes Firnwasser ist das kräftgste«, »Es wird frühe Morgen auf den Bergfirsten«, »Berge sind Erdwogen«, »Milch der Gletscher«, »Wetterbrunnen ibid. werden trüb wenns Wetter ändert« [NA 10,408 f.]. In der Weiterbearbeitung nahm er die »Milch der Gletscher« aus dem optischen Bereich heraus: »Den Durst mir stillend mit der Gletscher Milch« [NA 10,175]. Man schmeckt die Farbe mit der Zunge.

* * *

Der Reiz der anschaulichen Welt besteht, so wie Schiller sie begreift, in der Tatsache, dass Bild und Gegenstand nicht miteinander identisch sind und jedem etwas ohne seine Entsprechung fehlt. In Schillers *Philosophischen Briefen* heißt es:»Wie sich im prismatischen Glase ein weißer Lichtstreif in sieben dunklere Stralen spaltet, hat sich das göttliche Ich in zahllose empfindende Substanzen gebrochen. Wie sieben dunklere Stralen in einen hellen Lichtstreif wieder zusammen schmelzen, würde aus der Vereinigung aller dieser Substanzen ein göttliches Wesen hervorgehen. Die vorhandene Form des Naturgebäudes ist das optische Glas, und alle Thätigkeiten der Geister nur ein unendliches Farbenspiel jenes einfachen göttlichen Strales. Gefiel es der Allmacht dereinst, dieses Prisma zu zerschlagen, so stürzte der Damm zwischen ihr und der Welt ein, alle Geister würden in *einem* unendlichen untergehen, alle Akkorde in *einer* Harmonie in einander fließen, alle Bäche in *einem* Ozean aufhören.« [NA 20,124.] Zu Schillers Marbacher Nachlass gehören drei Prismen, zwei farbige Weingläser, eine bunte Glasschale, ein Bergkristall und einige Dosen und Ringe mit Kristallen und Halbedelsteinen – aus Schillers Perspektive wie der Spiegel Garanten dafür, dass die Welt nicht einstürzt.

* * *

Dass es Schillers Mund war, der dem ramponierten Silberlöffel so zusetzte, das lässt sich wie bei anderen Erinnerungsstücken aus seinem Nachlass nur glauben, nicht beweisen. Geschrieben aber hat Schiller nach dem Mund und für den Mund. »Auf ewig bleibt mit dir vereint / Der Artzt, der Dichter, und dein Freund« [NA 2.IIA,36] – nur im Schwäbischen reimen sich Schillers Stammbuchverse für den Mitschüler Johann Christian Weckherlin perfekt. Später hat er seine natürliche, innere Stimme in eine andere, so hohe und ideale wie selbstverständliche Sprache überführt. Die nach der Veröffentlichung eines Werks meist vernichteten Manuskripte sollen von Korrekturen übersät gewesen sein. Im *Lied von der Glocke* etwa war

»jede Zeile zwei-, dreimal ausgestrichen, wieder punktirt, wieder ausgestrichen, es konnte Niemand als er ein Wort davon lesen« [Heinrich Laube, *Moderne Charakteristiken*, Bd. 1, Mannheim 1835, S. 363]. Auch das berühmte »Spät kommt Ihr – – Doch Ihr kommt! Der weite Weg, / Graf Isolan, entschuldigt Euer Säumen« [NA 8,59] aus den *Piccolomini*, das sich so leicht sprechen lässt, dass es sprichwörtlich werden und von Mund zu Mund überliefert werden konnte, gelang Schiller nicht auf Anhieb. Zunächst hieß es, recht mühsam: »Gut, daß Ihrs seid, daß wir Euch haben! Wußt ichs doch, / Graf Isolan bleibt *nicht* aus, wenn sein Chef [Feldherr h1 S h3] / Auf ihn gerechnet hat. – Willkommen, Oberst Buttler« [NA 8,423].

***

Schillers Worte auf dem Papier bezeichnen in den wenigsten Fällen vollständig das, was gesprochen werden soll. Wie die optischen Erscheinungen sind auch die akustischen unvollständig. Nicht nur, weil es dem Zeitgeschmack entsprach, die Schrift mit Zeichen des Innehaltens und der Gefühlsregungen zu durchsetzen, mit Gedankenstrichen und Ausrufezeichen, verwendet Schiller diese häufig. Sie erlauben ihm Sprünge, Verschiebungen vom Großen zum Kleinen, vom Himmlischen zum Irdischen, vom Profanen zum Heiligen. In seinen Briefen markieren sie häufig den Ruck vom lieben Gott zu sich selbst, nicht nur in seiner Sturm-und-Drang-Zeit als Karlsschüler. Schon der 13-jährige schreibt am 21. April 1772 an die Patentante Elisabetha Margaretha Stoll aus Ludwigsburg: »Da ich durch Gottes Gnade in Erkenntniß unserer selig machenden Religion nunmehro soweit gekommen, daß ich bis nächsten Sonntag Quasimodogeniti [d. i. der Sonntag nach Ostern] mein Glaubens Bekänntniß öffentlich ablegen – und den Bund meiner Tauffe aus eigenem Munde mit Gott bekräfftigen solle: so ist es meine Pflicht, Euer Wohlgebohren hievon die gehorsamste Anzeige zu machen [...] und besonders bitte ich Sie, mich bey der bevorstehenden Confirmations-Handlung in Ihr Gebet einzuschließen, daß mich Gott durch seine Gnade und guten Geist

oben »Sapere aude«, »Erkühne dich, weise zu seyn«: Schillers Eintrag in das Stammbuch von Christian Rausch, Jena 1792.

unten Die sieben verschiedenen Gesichter der menschlichen Leidenschaften, »von Dalberg Coadjutor gemalt, und Schiller geschenkt«: Gemälde von Carl Theodor von Dalberg (1744–1817), dem Bruder des Mannheimer Theaterintendanten Heribert von Dalberg.

rechte Seite oben Lichtfänger und -brecher: Prismen aus Schillers Nachlass.

links Extremes Farbenspiel:
Wollschal aus dem Besitz von
Schillers Schwester Christophine
Reinwald, der an ein Phänomen
erinnert, das Schiller 1797 Goethe
schildert: »Ich betrachtete [mit
einem gelben Glas] die Gegenstände vor meinem Fenster, und

hielt es so weit horizontal vor das
Auge, daß es mir zu gleicher Zeit
die Gegenstände unter demselben
zeigte, und auf seiner Fläche den
blauen Himmel abspiegelte, und
so erschienen mir an den hoch-
gelb gefärbten Gegenständen alle
die Stellen hell purpurfarbig«.

rechts Für die Augen: Meta-
phernsammlung zum *Wilhelm Tell:*
»Der Gletscher schmilzt ewig und
zerschmilzt nie. / Weiße Berglilien
und purpurfarbene Alprosen. /
Alpen und Schneeberge verglichen mit einer diamantenen Krone
– Glas – grünblauschimmernd«.

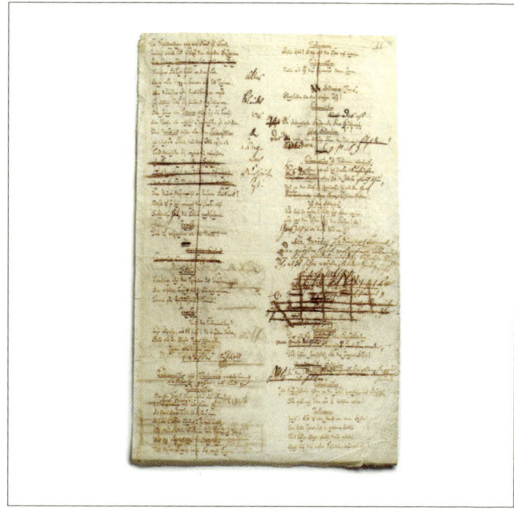

oben Löffel aus Schillers
Nachlass.

unten »Alles bleibt was der Länge
nach durchstrichen ist«: Schillers
unterschiedliche Korrekturen im
Manuskript der *Piccolomini* (Vers
2016–2066) für die Bühnen- und
die Buchausgabe, 1798/1800.

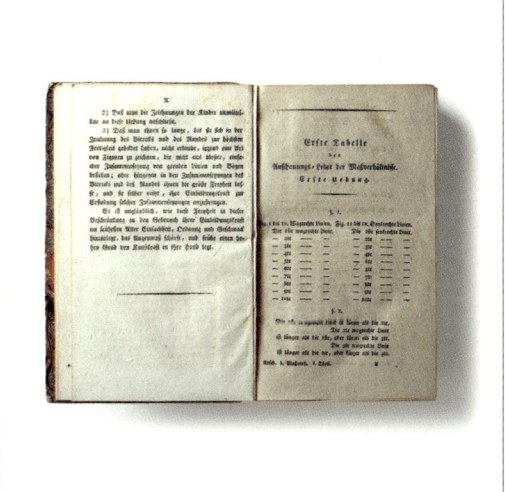

oben Von Sprechpausen durchsetzt, um vom Schauspieler gesprochen, aber auch empfunden werden zu müssen: Anfang der *Räuber* in der Erstausgabe (1781, mit den fingierten Verlagsorten Frankfurt und Leipzig, im Selbstverlag bei Metzler in Stuttgart).

unten Lehre von der Anschauung kleinster Zeichenunterschiede: Johann Heinrich Pestalozzis *A B C der Anschauung, oder Anschauungs-Lehre der Maßverhältnisse* (1804/5, Zürich, Bern und Tübingen: Geßner und Cotta).

stärken wolle, damit ich diejenige Pflicht, die ich nun selbst übernehme mit allem Fleiß erfüllen – und zum Wohlgefallen Gottes; meiner Eltern; Pathen und Anverwandten; im Guten je mehr und mehr zunehmen möge.«

Die in Schillers erstem erhaltenen Brief eingesetzte Technik wird in den *Räubern* perfektioniert und in seinen Versdramen durch die Antilabe ersetzt, die Aufteilung einer einzigen Verszeile auf verschiedene Sprecher.

>»ELISABETH *zum Grafen Kent, der hereintritt*
Graf Leicester komme her!
KENT   Der Lord läßt sich
Entschuldigen, er ist zu Schiff nach Frankreich.
*Sie bezwingt sich und steht mit ruhiger Fassung da. Der Vorhang
fällt*« [NA 9,164].

Am Schluss der *Maria Stuart* erfährt Elisabeth, dass sie auch mit der Hinrichtung ihrer Konkurrentin die Liebe des Grafen von Leicester nicht gewinnen konnte. Schiller lässt ihr nicht viele Worte. Gerade einmal eine halbe Verszeile mit einem knappen Befehl und eine kurze Regieanweisung in Prosa stehen ihr zur Verfügung. Wie viel Leiden und Leidenschaft, Verletzlichkeit und Willensstärke, Energie und Gedankenfreiheit versammeln sich zwischen ihrem Vers und der Regieanweisung während Kents anderthalb Zeilen: »Der Lord lässt sich / Entschuldigen, er ist zu Schiff nach Frankreich«.

***

In den *Räubern* ist das Repertoire an gestischen Zeichen, das Schiller vom ersten Satz an entwickelt, ein ideales Mittel, Gegensätze in einen Augenblick zusammenzuspannen und Dinge anzusprechen, die nicht ausgesprochen werden können: lauernde Hinterhältigkeit und besorgte Unwissenheit, Liebe und Qual, Leidenschaft und Kummer, Aufrichtigkeit und Unehrlichkeit:

>»FRANZ. Aber ist euch auch wohl, Vater? Ihr seht so blaß.

DER ALTE MOOR. Ganz wol, mein Sohn – was hattest du mir zu sagen?

FRANZ. Die Post ist angekommen – ein Brief von unserm Korrespondenten in Leipzig. –

D.A.MOOR. *Begierig.* Nachrichten von meinem Sohne Karl?

FRANZ. Hm! hm! – So ist es. Aber ich fürchte – ich weiß nicht – ob ich – eurer Gesundheit? – Ist euch wirklich ganz wol, mein *Vater?*« [NA 3,11.]

Die Sprech(pausen)zeichen erzeugen einen künstlichen, pathetischen Eindruck, regulieren und systematisieren die Sprache auf eine übertriebene, unnatürliche Weise. Zugleich sind sie Schwellenpunkte, mit denen sich ein Leser – hat er sich erst einmal daran gewöhnt – den Text aneignen kann. Im Andachtsbuch *Zeitglöcklein des Lebens und Leidens Christi,* 1492 in Basel bei Johann Amerbach erschienen, wird der den Leser einbeziehende, zum Mitsprechen und Mitleiden bewegende Stil erläutert: »Diß büchlin ist überal nit anders denn andechtig betrachtungen, darzu sich der mensch mit allem fliß schicken sol. [...] Darzu ouch hilff bruchen, als hetzbewegliche wort, vnd zuwörtly, als da sind, Ach, we, Leider, O herr, O gott, vnd der glichen. [...] Für die alle sind hierinn A vnd O und Ach gesetzt« [fol. a 5ª].

***

Schiller zu lesen, das ist also immer an ein (zumindest innerlich) lautes Lesen gebunden. Die Satzzeichen geben uns den Impuls, die Gestik und Mimik seiner Figuren, seiner lyrischen oder epistolarischen Ichs zu imitieren und die Sätze gleichsam aus sich heraus zu bilden und nicht einfach abzulesen. Sie sind eine ideale Form, um auf künstliche Weise natürlich zu sprechen. Dass die starken Ausrufezeichen, die häufigen Gedankenstriche und das »Hm!« und »Ha!«, »O« und »Ach« bei Schiller im Laufe seines Schriftstellerlebens ebenso verschwinden wie die endlosen Satzgebirge und durch subtilere Spannungen zwischen Vers und Figur, Metrum und Rhythmus,

bemessener Sprache und Pause ersetzt werden, das dürfte daran liegen, dass die Leser die Zeichen zu lesen gelernt haben und man sie
jetzt raffinierter und weniger offensiv einbeziehen kann. Zugleich
erlauben die subtileren Mittel eine größere ästhetische Distanz. Die
Fähigkeiten, rhythmische Unregelmäßigkeiten und kleinste typogra-
fische Größen- und Längenunterschiede wahrzunehmen, wurde um
1800 übrigens regelrecht trainiert. 1803 erschien ein ganzes Regel-
werk zum Thema: Johann Heinrich Pestalozzis *ABC der Anschauung,
oder Anschauungs-Lehre der Maßverhältnisse.*

Nase und Seele

U m Schiller in einem Punkt seines Körpers zu fassen, ha- ben schon die Zeitgenossen meist zur Nase gegriffen: »Seine Stirne war breit, die Nase dünn, knorpelig, weiß von Farbe, in einem merklich scharfen Winkel hervorspringend, sehr gebogen, auf Papageienart und spitzig«, beschrieb sein Mitschüler Georg Friedrich Scharffenstein das Organ [zit. nach: Schillers Gespräche, hrsg. von Freiherr von Biedermann, München (o. J.), S. 51]. Der Jugendfreund Johann Wilhelm Petersen erinnert sich: »[D]en Ordensstern des Genius trug er, mit Lavater zu reden, nicht im Auge. [...] [S]ein Geist [schien] gleichsam aus dem Innern herausgequollen zu sein, sich in die ernsten Ge- sichtszüge ergossen und denselben eine andere Wölbungen und Gestalt gegeben zu haben. Jetzt hatte seine Nase die Adlersform und aus allen seinen Zügen leuchteten Tiefgefühl [...] und insonderheit Seelenadel auf das sprechendste hervor« [zit. nach: ebd., S. 233 f.]. Schil- ler selbst sagte im Scherz, »daß er sie sich selbst gemacht; sie sei von Natur kurz gewesen; aber in der Akademie habe er so lange daran gezogen, bis sie eine Spitze bekommen« [zit. nach: ebd., S. 380].

***

links Riechfläschchen aus Schillers Nachlass.

»Nihil me poenitet huius nasi, sprach Pamphagus, das heißt: Meine Nase hat mich zu dem gemacht, was ich bin. *– Nec est, cur poeniteat,* antwortete Cocles, das heißt: Wie zum Teufel könnte auch eine solche Nase keinen Erfolg haben?« [Laurence Sterne, *Das Leben und die Ansichten Tristram Shandys*, übers. von Rudolf Kassner, Leipzig 1989, S. 210.] Die Nase ist das biblische Seelenorgan des Menschen. »Da machte Gott der HERR den Menschen aus Erde vom Acker und blies ihm den Odem des Lebens in seine Nase. Und so ward der Mensch ein lebendiges Wesen« (Gen 2,7). Dem Sterbenden schließlich entweicht die Seele durch den Mund.

Schillers Adlernase prägte sich als sein Zeichen auch deswegen ein, weil sich um sie Anekdoten rankten und sie mit Schillers Vorliebe fürs Tabakschnupfen in enger Verbindung stand: »Ein Schnupfer wie Schiller«, schrieb Petersen, »war nicht leicht finden. Hatte er bisweilen gerade keinen Tabak, so kitzelte er seine Geruchsnerven mit Staub« [zit. nach: *Schillers Gespräche*, hrsg. von Freiherr von Biedermann, München (o. J.), S. 54]. Und Petersen fährt fort: »Mehrere seiner Bekannten waren Augenzeugen, daß er, während eines Beischlafs, wobey er brauste und stampfte, nicht weniger als 25 Prisen [...] in die Nase nahm.« [DLA]. Das Tabakschnupfen hat Schiller so individuell wie unvergesslich gemacht und ihm schon früh ein unverwechselbares Attribut in die Hand gegeben, ein wahres Schatzkästlein voll Anekdoten verborgen ist.

Acht Dosen, vier davon mit (Schnupf-)Tabak gefüllt, gehören zu Schillers Marbacher Hausrat, darüber hinaus ein Pfeifenkopf, zwei Riechfläschchen und vier Kaffeetassen. Die Eleven Groß junior, Baz und Schiller »seynd gestern abgestraft worden«, so ist in den Tagesrapporten der Karlsschule am Heiligabend 1773 vermerkt: Der Erste »weil er sich durch die Reinigungs-Magd Coffe machen lassen und ihr 1 Hemd davor gegeben«. Die Letzten »weil sie in Gesellschaft des El. Groß jun Coffe bey besagter KammMagd getrunken«. Kaum zwei

Monate später wird Schiller am 17. und 19. Februar wegen »Unreinlichkeit« [DLA] ermahnt. Auch wenn Kaffee an Weihnachten und Unreinlichkeit bei einem 15-jährigen nichts Ungewöhnliches sind – Schiller wurde, von Goethes *Gesprächen mit Eckermann* bis zu Thomas Manns *Schwerer Stunde*, das Image des Rauchers, Kaffeetrinkers und leicht fleckigen und übel riechenden Dichters, der sich zudem vom Geruch fauliger Äpfel inspirieren lässt, nicht mehr los. So wenig wie das des Arztes, der vor allem Brech- und Abführmittel verschreibt. An beiden Klischees ist er nicht ganz schuldlos. Sein einzig erhaltenes Rezept leitet an, drei Gran Brechweinstein in vier Unzen heißem Wasser zu lösen und davon sogleich die Hälfte nehmen. Ein (zu) hoch dosiertes Brechmittel. Seiner Schwester, seiner Frau und den Freunden rät Schiller immer wieder zu Reinigungskuren: »Nimm zu weilen eine Porzion Salpeter mit Weinstein, und trink auf das Frühjahr die Molken« [an Christophine Schiller, 1.1.1784], »ich hatte Lust, der Minna die Klystiermaschine nach Meissen entgegenzuschiken, weil ich sie nach der Zerbsterreise für ein nothwendiges Moeuble halte, aber ich besorge daß man sie auf der Briefpost nicht annimmt.« [An Christian Gottfried Körner, 24.4.1786.]

***

Bei einem anderen Rezept in Marbach ist die Echtheit höchst fragwürdig: »wegen der zittrigen Schrift und und auch weil Majoran und Lavendel nicht für Schillers Praxis der Roßkuren sprechen« [DLA]. Denn die Rosskuren des jungen Schiller waren schon bei seinem Regiment berüchtigt. Über sich selbst, den Verfasser der *Räuber*, schreibt Schiller anonym im *Wirtembergischen Repertorium*: »Er soll ein Arzt bei einem Wirtembergischen *Grenadier*-Bataillon sein […]: So gewiß ich sein Werk verstehe, so muß er *starke Dosen* in Emeticis [Brechreiz Erregendem] eben so lieben als in Aestheticis, und ich möchte ihm lieber zehen Pferde als meine Frau zur Kur übergegeben« [NA 22,131]. Die für die Geschichte der Tragödie zentrale Vorstellung der

oben Als sei's ein Schreibgerät:
Schillers Gänsekiel-Zahnstocher
neben dem von Körners Schwä-
gerin Dora Stock (1759–1832)
mit Terpsichore, der Muse des
Tanzes, bemalten Elfenbein-Etui.

unten Gewährte Gunst lässt
Liebe wachsen: barocke Schnupftabakdose aus Schillers Nachlass.

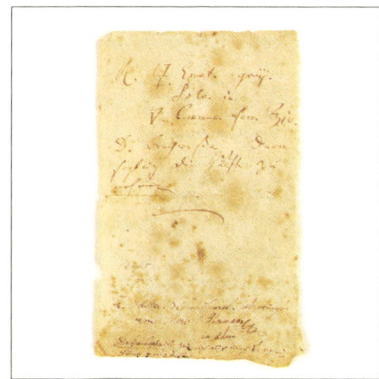

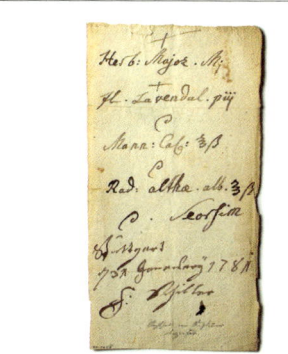

oben links Das einzig erhaltene Rezept des Arztes Schiller, 1781/82: drei Gran Brechweinstein zu lösen in vier Unzen heißem Wasser, davon sogleich die Hälfte nehmen – ein (zu) hoch dosiertes Brechmittel.

oben rechts »Echtheit höchst fragwürdig, wegen der zittrigen Schrift und auch weil Majoran und Lavendel nicht für Schillers Praxis der Roßkuren sprechen«: Zweites in Marbach vorhandenes Rezept für ein nur leicht verdauungsförderndes Präparat aus Majoran, Lavendel, Manna und Eibischwurzel.

unten Die Seele beim Tod durch den Mund entlassen: Zeichnung des 30-Jährigen Kunsttheoretikers Carl Ludwig Fernow (1763 – 1803) in das Stammbuch des Arztes Johann Heinrich Varnhagen, in das sich zuvor schon Schiller eingetragen hat.

oben Rosskur gegen Einfalls-
losigkeit: Ross und Reiter auf
der Rückseite einer von Schillers
Schwester Christophine angefertigten Abschrift seines frühen
Gedichts *An die Sonne* (1773).

unten Gedicht statt Schnupf-
tabak: »Es liebt die Welt, das
Strahlende zu schwärzen, /
Und das Erhabne in den Staub
zu ziehn, / Doch fürchte nicht,
es giebt noch schöne Herzen, /
Die für das Hohe, Herrliche
erglühn«. Gemälde von Koppen-
höfer, wohl 1868.

oben Eduard Mörikes leibhaftig dem Papier eingebrannter Dichter: »Des Herrlichen, womit die volle Welt / Uns überdrängt, sich mächtig zu erwehren, / Und Lust und Weh, worin er sich gefällt, / In tausend Herzen bleibend zu verklär[en], / Erglüht der Sänger schä [schwärmend im] Gedich[t] / Mei[st o]hne Dank, zum [mindsten] fühlt ers [nicht]«.

unten Schillers Taschenuhr.

Katharsis, der emotionalen, körperlichen und geistigen Reinigung des Zuschauers, der den auf der Bühne dargestellten Jammer und Schauder mit durchlebt, war für den Dramatiker Schiller eine leibliche Erkenntnis.

* * *

Schiller hat den eigenen Körper in künstliche Überhöhungsrituale einbezogen. Hygieía, die Göttin der Gesundheit, ziert seinen Schlafrockknopf. Erato und Terpsichore, die Musen von Liebeslyrik, Tanz und Gesang, wurden zur Hülle eines Körperreinigungsinstruments bestimmt: Sie tanzen auf Schillers Zahnstocheretui. Er scheint die ästhetische Rosskur sogar buchstäblich genommen zu haben: Immer, wenn ihm nichts einfalle, dann male er »Rössel«, soll er erzählt haben [vgl. NA 42,66]. Ob das stimmt oder nur gut ins Bild passt, weil das Pferd seit der Antike die Verkörperung der sinnlichen und ungezügelten Leidenschaft ist? Eine Pferdezeichnung ist von ihm jedenfalls nicht überliefert, nur auf einer Rückseite seines frühesten erhaltenen Gedichts, *An die Sonne*, das seine Schwester Christophine abschrieb, finden sich Ross und Reiter.

* * *

Als ästhetisches Modell und Synonym seiner Literatur verstanden, ist die Schnupftabakdose eine Büchse der Pandora: In ihr schlummern alle Sinnesreize, Leiden und Naturgewalten, Schönheit und Grausamkeit, Leben und Tod. Im Kleinen lässt sich ausprobieren, ob und wie man diese mächtig-dialektischen Gewalten ertragen und überwinden kann, in denen beides angelegt ist: Quälen und Heilen.

Der Nasenkitzel, den die Dose birgt, ist das Pendant zum literarischen Kunsterlebnis und ein Mittel der ästhetischen Erziehung. Er findet nicht an der Oberfläche des Körpers statt, er überschreitet dessen Grenze, dringt ins Innere des Kopfes ein und kann auch Mund und Augen stimulieren. Tränen, Husten, Niesen können seine Wirkungen sein, aber auch ein Gefühl der Befreiung. In Schillers Zeit wurde die Wende von einer empfindsamen Poetik zu einer den ganzen Körper umfassenden, gleichsam medizinisch wirksamen Poetik wohl verstanden; schon früh, auf dem 1786 entstandenen Porträt von Anton Graff, wurde Schiller die Schnupftabakdose als Attribut in die Hand gegeben. Erst auf einem wohl 1868 entstandenen Gemälde wird das häufig abgemalte und druckgrafisch verbreitete Motiv entscheidend verändert. Statt der Dose hält Schiller ein Blatt mit Versen aus dem Gedicht *Voltaires Püçelle und die Jungfrau von Orleans* in der rechten Hand:»Es liebt die Welt, das Strahlende zu schwärzen, / Und das Erhabne in den Staub zu ziehn, / Doch fürchte nicht, es giebt noch schöne Herzen, / Die für das Hohe, Herrliche entglühn« [NA 2.1,129]. Der Mittelfinger zeigt auf das Stichwort:»das Erhabene«. Konsequent ist aus der Dose ein literarischer Text geworden. Der Witz der Dose, dass der Staub nicht notwendig das Gegenteil des Erhabenen sein muss, sondern auch dessen Ursache und Beweis sein kann, dass der Staub und das Erhabene dieselbe Wurzel haben, ist verloren gegangen.

* * *

Wenn Schillers Reinigungs- und Erhöhungsmittel auch zur Ausbildung eines ästhetischen Theorie taugen, so sind sie doch nicht ohne Lebensernst. Seine Krankheiten beschreibt er als Gänge durchs Fegefeuer:»Doch war die Krankheit mehr Seitenstich als Lungenentzündung, welche höchstens auf der Oberfläche rechter Seits inflammirt war. Am 3ten Tag spie ich Blut und empfand etwas von Beklemmungen, welche mich aber durch die ganze Krankheit wenig plagten. Auch der Schmerz auf der Seite und der Husten, war bei der Heftigkeit des Fiebers überaus mäßig: [...] starke Aderläße, Blutigel, zweimal Vesicatorien [blasenziehendes Mittel] auf der Brust verschafften mir Luft. [...] Nur die üble Einmischung des Unterleibs machte das Fieber complicirt. Ich mußte purgirt und vomirt werden. [...] Paroxysmen waren immer von starkem Phantasiren begleitet,

aber das Fieber in der Zwischenzeit mäßig und mein Geist ruhig.«
[an Christian Gottfried Körner, 22.2.1791].

∗

Ort des Fegefeuers kann auch der kreative Kopf sein:»Doch es ist un-
möglich, daß ich Ihnen jezt schon die unzäligen mir zuströmenden
Gedanken darüber preißgeben kann, die nun erst in meinem Kopf
sich *läutern* und *reinigen* müssen« [an Christian Gottfried Körner, 7.5.1785].
Im selben Brief kommt Schiller auf die seltsame Verbindung von
Nase und Uhr zu sprechen:»Danken Sie dem Himmel für das beste
Geschenk, so er Ihnen verleihen konnte, für diß glükliche Talent zur
Begeisterung. Das Leben von tausend Menschen ist meistens nur
Zirkulation der Säfte, Einsaugung durch die Wurzel, Destillazion
durch die Röhren und Ausdünstung durch die Blätter [...]. Sehen Sie,
bester Freund – unsre Seele ist für etwas höheres da, als bloß den
uniformen Takt der Maschine zu halten. Tausend Menschen gehen
wie Taschenuhren, die die Materie aufzieht, oder, wenn Sie wollen,
ihre Empfindungen und Ideen tröpfeln hidrostatisch wie das Blut
durch seine Venen und Arterien, der Körper usurpiert sich eine traurige Diktatur über die Seele, aber sie kann ihre Rechte reclamieren,
und das sind dann die Momente des Genius und der Begeisterung.
Nemo unquam vir magnus fuit sine aliquo afflatu divino [›Ohne irgend-
einen Anhauch göttlicher Begeisterung ist niemals ein großer Mann gewesen‹,
Cicero, De natura deorum, II 66,167]«. In *Kabale und Liebe* verrät Schiller,
wenn man seine Beschreibung bildlich ernst nimmt, auch das Geheimnis der nach unten gebogenen, schmalen Nase:»Das sind
schlechte erbärmliche Menschen, die sich entsezen, wenn mir ein
warmes herzliches Wort entwischt, Mund und Nasen aufreissen, als
sähen sie einen Geist – Sklaven eines einzigen Marionettendrahths,
den ich leichter als mein Filet regiere. – Was fang ich mit Leuten an,
deren Seelen so gleich als ihre Sakuhren gehen?« [NA 5,44.]

Brust und Kreuz

Drei Westen und verschiedene Schärpen, zwei Hosen, zwei Paar Strümpfe. Zweierlei Schiller lassen sich aus diesem Inventar des Marbacher Archivs zusammensetzen: ein modebewusster Höfling und ein sparsamer Mann. Der eine hat seine Kleider geschont, der andere hat sie durchgescheuert, -gerieben, -gesessen und -gelaufen. Das erste Kleiderensemble spielt mit schimmernden Farben, Blau-, Gold- und Cremetönen, Längs- und Querstreifen, als sei es direkt dem Musterbuch für die Modebewussten der Zeit, Bertuchs *Journal des Luxus und der Moden*, entnommen. Es streckt die Beine, macht eine schmale Taille und betont den Oberkörper in seiner Breite. Auf allen Bildern, die von Schiller überliefert sind, bewahrt er, wenn er nicht gerade den Kopf neigt, Haltung. Der aufrechte Stand, der in die Ferne und Höhe gerichtete Blick und die ausladende Geste des rechten Armes sind das Gegenstück zum melancholischen Sitzen. Viktor Heideloffs Federzeichnung *Schiller liest seinen Freunden im Bopser Wald bei Stuttgart aus den ›Räubern‹ vor*, die wahrscheinlich im selben Jahr wie das Ereignis selbst (1778) entstanden ist, gibt hier das Modell vor.

***

links Weste aus Schillers
Nachlass.

Die zweite Szene des fünften Akts der *Räuber* spielt im Wald:
»Der alte Moor gibt seinen Geist auf.
AMALIA *steht stumm, und starr wie eine Bildsäule. Die ganze
Bande in fürchterlicher Pause.*
RÄUBER MOOR *wider eine Eiche rennend.* Die Seelen derer, die ich
erdrosselte im Taumel der Liebe – derer, die ich zerschmetterte
im Schlaf, derer, – hahaha! Hört ihr den Pulverthurm knallen über

der kreisenden Stülen? Seht ihr die Flammen schlagen an den
Wiegen der Säuglinge? das ist Hochzeitmusik – oh er vergißt
nicht, er weis zu knüpfen – darum von mir die Wonne der Liebe!
darum mir zur Folter die Liebe! das ist Vergeltung!« [NA 3,131.]

Moor sucht sich für sein Anlaufen gegen alle Ordnungen gerade
den Baum mit dem härtesten Holz aus, die Eiche. Er fällt, wie es im
Comic die Folge wäre, dabei nicht um und rennt sich auch nicht den
Kopf ein. Schiller lässt seine Figuren häufig heftige Bewegungen machen, bei denen sie ihren Gleichgewichtssinn auf eine harte Probe
stellen müssen. »Wie ein Halbnarr in die Höhe springend«. »Er setzt
den Hut auf und schießt durch das Zimmer«. »Hängt sich an ihn, in
der entsetzlichsten Bangigkeit«, »drückt sie von sich«, »stürzt ihr hef-
tig weinend an den Hals«, »fällt in fürchterlicher Bewegung vor ihr
nieder«, »fährt erschrocken in die Höhe«. »Sie sinkt auf den Sessel
zurück«, »ihre Zunge wird schwer, ihre Finger fangen an gichterisch
zu zucken«, »starr und einer Bildsäule gleich, in langer toter Pause
hingewurzelt, fällt endlich wie von einem Donnerschlag nieder«,
»schrecklich emporgeworfen«, »taumelt hinter sich«. Derart auf und
ab, kreuz und quer, steif und rasend, als sei er der Choreograph eines
dem Körper alle Kunstfertigkeiten abringenden Balletts, arrangiert
er die Figuren am Ende von *Kabale und Liebe.*

***

Wie macht man das, dass man immer seine Mitte bewahrt, seinen
Schwerpunkt hält? Warum steht man und fällt nicht um? Wie geht

man, ohne zu stolpern? Warum beugt man sich und bricht nicht? Die Überlegungen zur Schönheit, zu Anmut und Würde, die Schiller anstellt, berühren immer wieder diese Fragen der ausgewogenen Bewegung. In Bezug auf die Anmut sind für Schiller die Frauen aus diesem Grund bevorzugt:» Zur Anmuth muß sowohl der körperliche Bau, als der Charakter beytragen; jener durch seine Biegsamkeit, Eindrücke anzunehmen und ins Spiel gesetzt zu werden, dieser durch die sittliche Harmonie der Gefühle. In beydem war die Natur dem Weibe günstiger als dem Manne.

Der zärtere weibliche Bau empfängt jeden Eindruck schneller und läßt ihn schneller wieder verschwinden. Feste Constitutionen kommen nur durch einen Sturm in Bewegung, und wenn starke Muskeln angezogen werden, so können sie die Leichtigkeit nicht zeigen, die zur Grazie erfodert wird. Was in einem weiblichen Gesicht noch schöne Empfindsamkeit ist, würde in einem männlichen schon Leiden ausdrücken. Die zarte Fiber des Weibes neigt sich wie dünnes Schilfrohr unter dem leisesten Hauch des Affekts. In leichten und lieblichen Wellen gleitet die Seele über das sprechende Angesicht, das sich bald wieder zu einem ruhigen Spiegel ebnet.« [NA 20,288 f.] Die Welle, die schöne Rundung, die schlangenförmige Falte sind für Schiller Indizien für *die Verhüllung der Wahrheit und Sittlichkeit in die Schönheit«* [an Christian Gottfried Körner, 9. 2. 1789] und erst dann besonders reizvoll, wenn es nicht einfach ist, sie zu erreichen.

* * *

Die Wellen, die Schiller in William Hogarth' Schrift *The Analysis of Beauty* (auf Deutsch erschienen 1754 unter dem Titel *Zergliederung der Schönheit*) als s-förmige Schönheitslinie schon vorgedacht fand, zeigen sich bei ihm in allen Formen und Stellungen und tauchen auch im Marbacher Bestand mehrfach auf. In Kritzeleien auf Schreibmappe und Geodreick, in einem Brief des historischen Wallenstein, den er sich für sein Drama besorgt hat und der die Rhetorik

oben Schiller trägt seinen Freunden im Stuttgarter Bopserwald die *Räuber* vor: »5n Scene des Vierten Akts [...], wo Räuber Moor mit entsetzen seinen todtgeglaubten Vater vor dem Turm anredet«. Von Karl Alexander Heideloff, 1856, nach einer Vorlage von Victor Heideloff, um 1780.

unten links Hygieia, die Göttin der Medizin, mit riesiger Schlange: Schillers von Dora Stock bemalter Schlafrockknopf.

unten rechts Angeblich eine Bastelarbeit des jungen Schiller: Gedenkstein aus Pappe mit Muse und Geheimfach.

oben »Herkulaneische Matrone« aus Meißner Biskuitporzellan. Schiller bekam die Figur 1801 von Wilhelm Gottlieb Becker geschenkt, dem Inspektor der Dresdner Antikengalerie, in der das Vorbild steht: »war es ein sehr glücklicher Einfall gerade diese Statue zu einer Bearbeitung in Biscuit zu wählen, weil die schöne Drapperie darinn ihre volle Wirkung thut.«

unten Klio, die Muse der Geschichtsschreibung, nach einer Vorlage von Johann Peter Langer im »Mechanographischen Institut« Duisburg durch Ausmalen von Schablonen hergestellt und Schiller 1797 zu Werbezwecken überreicht: Die Wanddekoration sollte »Auge und Gefühl allgemeiner an das wahre Schöne« gewöhnen.

oben Teil von Schillers Schreibmappe mit Kritzeleien und Notizen
über den Versand des 1795 erschienen ersten »Horenstückes«.

unten Materialien zum *Lied von
der Glocke*: Zeichnungen von
Rippenbögen aus der Glockengießerei zu Laucha, um 1760.

oben Aus Schillers Nachlass: Brief an Wallensteins Truppenführer Matthias Gallas, der ihn mit Piccolomini zusammen verraten hat, 1633.

unten Schiller an Körner, Jena, 23.2.1793: »Folgende Linie aber ist eine schöne Linie, oder könnte es doch seyn, wenn meine Feder beßer wäre«.

der Briefschnörkel aufs Schönste deutlich macht, in den Materialien, die er für die Vorbereitung der *Glocke* aus der Glockengießerei in Laucha erhalten hat, in der Draperie einer Porzellanfigur, die er 1802 geschenkt bekam, der riesigen Schlange, welche die auf seinen Schlafrockknopf gemalte Hygieia, die Göttin der Medizin, auf seinem bemalten Schlafrockknopf mit beiden Armen trägt, im Überwurf der tanzenden Erato auf dem Zahnstocherbehälter, im durchsichtigen Gewand des Ölgemäldes der *Klio*, in den lang fallenden Gewändern, in die ihn nach seinem Tod Luise Duttenhöfer und Bertel Thorvaldsen hüllen – und schließlich in einem Brief an Christian Gottfried Körner, in den er sie eigens waagrecht eingezeichnet hat:»Folgende Linie aber ist eine schöne Linie, oder könnte es doch seyn, wenn meine Feder beßer wäre« [am 13.2.1793]. Um 1800 sind Schlangenlinien nichts Besonderes und die Antike lässt sich ohne die schon von Winkelmann ausführlich beschriebenen, figurbetonenden wie -umhüllenden Gewandfalten und ausschwingenden Körperlinien nicht denken. Sie sind nicht nur Ausdruck menschlicher Erregung, sie sind auch eine historische, in die Vergangenheit weisende und ihre Vergegenwärtigung versprechende Formel. In Karl Otto Reventlows *Wörterbuch der Mnemotechnik nach eigenem Systeme* (1844) wird das Wort »Grace«, Anmut, der Einprägsamkeit zuliebe unmittelbar in die Umgebung von »Gräcieren« gestellt.

* * *

So glatt und harmonisch gerade Schillers Gedichte scheinen, so sehr sich dem Leser auf den ersten Blick nur Gestik oder Mimik aufdrängen – auch sie sind, wie *Die Räuber*, ein Experiment, Haltung zu bewahren, Anmut oder wenigstens Würde.»Der Gott den ich in den Göttern Griechenlands in Schatten stelle ist nicht der Gott der Philosophen, oder auch nur das wohlthätige Traumbild des großen Haufens, sondern es ist eine aus vielen gebrechlichen schiefen Vorstellungsarten zusammen gefloßene Mißgeburt«. Das fertige Gedicht ist das Ergebnis einer »gewaltsamen Operation«, einer Absonderung der vorliegenden Teile und deren neues Zusammenfügen: »Die Götter der Griechen, die ich ins Licht stelle sind nur die lieblichen Eigenschaften der Griechischen Mythologie in *eine* Vorstellungsart zusammen gefaßt.« Das Auseinandernehmen, Zergliedern und Zerschneiden stellt einen neuen, (nur) in sich harmonischen Organismus her: »[I]ch bin überzeugt, daß jedes Kunstwerk nur sich selbst d. h. seiner eigenen Schönheitsregel Rechenschaft geben darf, und keiner andern Foderung unterworfen ist.« [An Christian Gottfried Körner, 25. 12. 1788.].

Fünf Jahre später begründet Schiller mit demselben Gedanken – jedes Kunstwerk darf nur sich selbst Rechenschaft geben – die Schlangenlinie als Musterbeispiel der Schönheit: »Eine Schlangen Linie erklärt sich selbst ohne das Medium eines Begriffs« [an Christian Gottfried Körner, 18./19. 2. 1793]. Anderthalb Jahre danach kommt der durchgängige Überfluss, das Zuviel an sinnlichen Reizen als Eigenschaft der Schönheit dazu: »Das Kameel und der Esel haben überflüßige Maße, aber nicht Ueberfluß der Kraft, vielmehr müßen wir, beym Kameel besonders, diesen Ueberfluß als eine Hinderung der Kraft häßlich finden. Es ist gewiß nicht unbedeutend, den Ueberfluß, sobald er den Zweck nicht einschränkt oder die Kraft nicht hindert, als ein Element des Schönen anzunehmen [...]. Wenn etwas intellektuelles oder überhaupt vernunftmäßiges schön werden soll, so muß es erst sinnlich und ein Gegenstand der Einbildungskraft werden. Von der Einbildungskraft aber wißen wir, daß sie allen ihren Vorstellungen sinnliche Vollständigkeit, materielle Totalitaet zu verschaffen sucht. Der Verstand braucht aber von einer Vorstellung der Einbildungskraft nicht alle Theile, nicht das *Ganze* mannichfaltige. Sie giebt ihm also mehr als er braucht, und gerade dadurch entsteht die Schönheit.« [An Christian Gottfried Körner, 25. 10. 1794.]

Schillers Gedankengang ist beim ersten Lesen kaum zu verstehen. Nicht nur als Dramatiker, als Choreograph der Körper und Dirigent der Stimmen, als Dramaturg der Empfindungen und Seelenbewegungen reizt er das Schwindelgefühl. Er vermischt konkrete Bilder mit abstrakten Überlegungen und leitet aus einem abgeschlossenen Schritt unmittelbar den nächsten ab. Kaum hat man etwas verstanden, dann folgt eine Einschränkung oder unerwartete Wendung. Bei aller sprachlichen Präzision entsteht ein Überschuss an Bedeutung und eine extreme Herausforderung für die Konzentration.

Schiller sagt mehr, als man auf einmal verstehen kann, und führt uns auf gewundenen und schwingenden Wegen, auf denen wir bei jedem Schritt aufpassen müssen, dass wir den Anschluss nicht verlieren. Denn das Tempo, das Schiller vorlegt, ist gewaltig.

***

In der Bewegung stehen bleiben, ohne umzufallen oder ins Wanken zu kommen – das geht, indem man weich wird, den Bewegungsimpuls im Kopf ausgleicht, sich im Geist eine Schlangenlinie vorstellt, so wie man beim Drehen einer Pirouette immer wieder denselben Punkt fixieren muss. Kleist legt diese Beschreibung der menschlichen Fähigkeit, den Schwerpunkt des Körpers zu bewahren, indem man Bewegungsimagination und Körperbewegung in Einklang bringt, in seiner Schrift *Über das Marionettentheater* einem Tabak schnupfenden Tänzer in M... in den Mund:»Jede Bewegung, sagte er, hätte einen Schwerpunkt; es wäre genug, diesen, in dem Innern der Figur, zu regieren; die Glieder, welche nichts als Pendel wären, folgten, ohne irgend ein Zutun, auf eine mechanische Weise von selbst.

Er setzte hinzu, daß diese Bewegung sehr einfach wäre; daß jedesmal, wenn der Schwerpunkt in einer *graden* Linie bewegt wird, die Glieder schon *Kurven* beschrieben; und daß oft, auf eine bloß zufällige Weise erschüttert, das Ganze schon in eine Art von rhythmische Bewegung käme, die dem Tanz ähnlich wäre. [...]

Die Linie, die der Schwerpunkt zu beschreiben hat, wäre zwar sehr einfach, und, wie er glaube, in den meisten Fällen, gerad. [...]

Dagegen wäre diese Linie wieder, von einer andern Seite, etwas sehr Geheimnisvolles. Denn sie wäre nichts anders, als der *Weg der Seele des Tänzers*; und er zweifle daß sie anders gefunden werden könne, als dadurch, daß sich der Maschinist in den Schwerpunkt der Marionette versetzt, d. h. mit andern Worten, *tanzt.*« [Heinrich von Kleist, *Sämtliche Werke und Briefe*, hrsg. von Helmut Sembdner, Bd. 2, München 1964, S. 339 – 341.]

* * *

Schiller stellt die Menschen in seinen Schauspielen auf eine harte Probe, wenn er sie durch die extremen Körper- und Seelenbewegungen dazu nötigt, mit sich eins zu sein und alles Pathos auf natürliche Weise aus sich selbst zu schöpfen. Jede der Bewegungen, die er fordert, verlangt das Biegen der Wirbelsäule nach vorne und hinten, links und rechts. Anatomisch gedacht liegt dabei die Körper- und Seelenmitte im Kreuzbein, dem s-förmig geschwungene *os sacrum*, auf dem die Wirbelsäule steht.

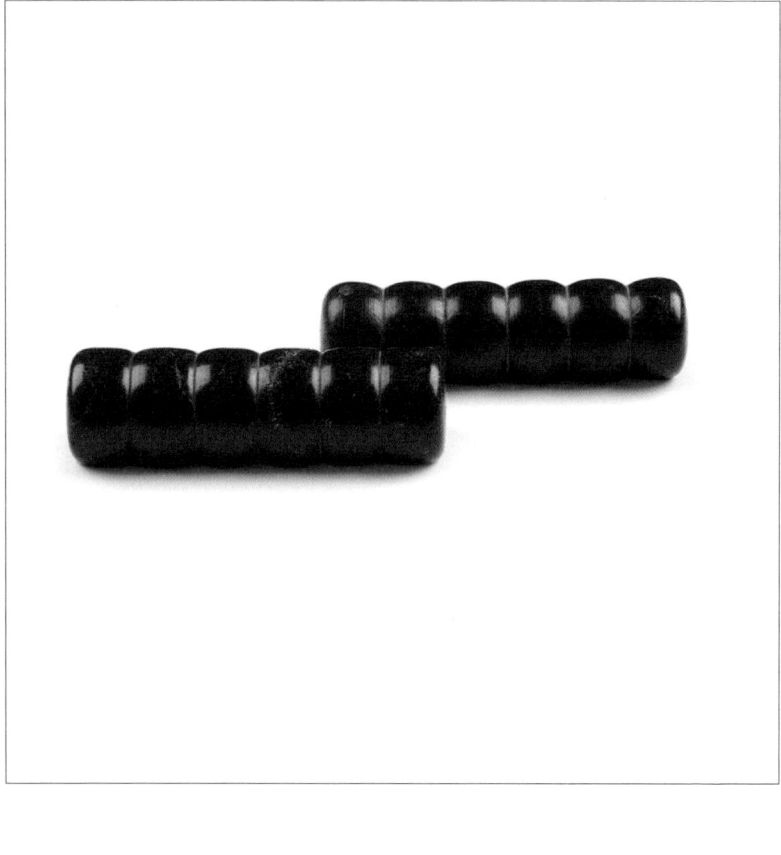

Hand und Hitze

W er seine Fäuste um die beiden polierten Keramiksäulen, die Handwärmer in Schillers Nachlass, schließt, der ist zu keiner ausladenden Gebärde fähig. In seiner Novelle *Schwere Stunde* führt Thomas Mann Schiller daher lieber gleich an den Ofen: »Er legte die Hände an die Kacheln, aber sie waren fast ganz erkaltet, denn Mitternacht war lange vorbei, und so lehnte er, ohne die kleine Wohltat empfangen zu haben, die er suchte, den Rücken daran, zog hustend die Schöße seines Schlafrocks zusammen, aus dessen Brustaufschlägen das verwaschene Spitzenjabot heraushing, und schnob mühsam durch die Nase, um sich ein wenig Luft zu verschaffen; denn er hatte den Schnupfen wie gewöhnlich« [Thomas Mann, *Schwere Stunde und andere Erzählungen*, Frankfurt a. M. 1991, S. 114]. Schiller selbst beschreibt die kalten Hände bei seiner schweren Krankheit von 1791: »Der Athem wurde so schwer, daß ich über der Anstrengung, Luft zu bekommen, bei jedem Athemzug ein Gefäß in der Lunge zu zersprengen glaubte. Bei dem erstern [Anfall] stellte sich ein starker Fieberfrost ein, so daß die Extremitäten ganz kalt wurden, und der Puls verschwand. Nur durch immer continuirtes Anstreichen konnte

links Handwärmer aus
Schillers Nachlass.

ich mich vor der Ohnmacht schützen. Im heißen Waßer wurden mir die Hände kalt, und nur die stärksten Frictionen brachten wieder Leben in die Glieder. Man hat alles angewendet, was nur die Medicin in solchen Fällen wirksames hat, besonders aber zeigte sich das Opium, das ich in starken Dosen nahm, Kampher mit Moschus, Clystiere und Blasenpflaster wirksam.« [An Christian Gottfried Körner, 24. 5. 1791.]

***

Seine linke Hand hat Schiller im August 1777 selbst gezeichnet. An der Karlsschule, der »Militärpflanzschule«, wo man ihm bei der Aufnahme 1773 »etwas verfrörte Füße« bescheinigte [zit. nach: *Schillers Gespräche*, hrsg. von Freiherr von Biedermann, München (o. J.), S. 15], gehörte Zeichnen zu den Pflichtfächern. Das perspektivisch-naturgetreue Zeichnen seiner Hand fiel dem 18-jährigen Medizinstudenten sichtlich schwer. Zum mangelnden zeichnerischen Talent und Mut zum festen Strich sowie zur ungeduldigen Beobachtung kam die Gestalt der Hände selbst: »mehr stark als schön, und ihr Spiel mehr energisch als graziös« [zit. nach: ebd., S. 380]. Kaum ein Freund oder Besucher hat Schillers Hände beschrieben, auch als Dichter ist er kein Dichter der Hände. Stellen wie im *Versöhnten Menschenfeind*, in denen die Hände im poetischen Zusammenhang vorkommen, sind selten: »Sieh diese welken Hände! Diese Furchen, die der Gram auf meine Wangen grub!« [NA 5,275.] Ganz anders dagegen Shakespeare, dessen Macbeth Schiller übersetzte und deutete (»Heilsame Schauer werden die Menschheit ergreifen, und in der Stille wird jeder sein gutes Gewissen preißen, wenn *Lady Makbeth*, eine schreckliche Nachwandlerin, ihre Hände wäscht, und alle Wohlgerüche Arabiens herbeiruft, den häßlichen Mordgeruch zu vertilgen« [NA 20,92]), oder Goethe: »Und belehr' ich mich nicht, indem ich des lieblichen Busens / Formen spähe, die Hand leite die Hüften hinab? / Dann versteh' ich den Marmor erst recht; ich denk' und vergleiche, / Sehe mit fühlendem Aug', fühle mit sehender Hand« [Ebd., Abt. I, Bd. 1, S. 239.]

Schiller ist sich seiner Abneigung gegen die greifende Hand durchaus bewusst. An Goethe kritisiert er:»Seine Philosophie mag ich auch nicht ganz. Sie hohlt zu viel aus der Sinnenwelt, wo ich aus der Seele hohle. Ueberhaupt ist seine Vorstellungsart zu sinnlich und *betastet* mir zu viel.« [An Christian Gottfried Körner, 1.11.1790.]

***

Ergiebiger ist das Thema ›Schiller und Ringe‹. Den Ring mit dem Kopf eines Satyrs, eines für die Welt der niederen Sinne stehenden bocksbeinig-hässlichen antiken Waldwesens, soll er getragen haben, als er nach der Uraufführung der *Räuber* mit der Hoffnung auf weitere literarische Erfolge und vom Herzog mit Schreibverbot belegt unter dem Decknamen »Doktor Ritter« am 22. September 1782 nach Mannheim floh. Ebenfalls ein Satyr treibt im Vorwort der *Räuber* sein Unwesen:»Auch ist izo der *grosse Geschmak*, seinen Wiz auf Kosten der Religion spielen zu lassen, daß man beinahe für kein Genie mehr paßirt, wenn man nicht seinen gottlosen Satyr auf ihren heiligsten Wahrheiten sich herumtummeln läßt.« [NA 3,6.] Das Titelblatt der ersten *Räuber*-Ausgabe von 1782 verwandelt das grinsende Gesicht des gottlosen Satyrs gegen Schillers Willen in das »In tirannos« ankämpfende Haupt eines brüllenden, auf den Betrachter zuspringenden Löwen. Auf dem Titelblatt der dritten Auflage werden daraus dann zwei miteinander raufende Löwen. Kampf als Spiel im Königshaus der Tiere.

***

Der Enkel des Marbacher Löwenwirts hat ein zwiespältiges Verhältnis zum König der Tiere – ein als Löwe zurechtgeschorener Pudel, in vielen Fabeln um 1800 als das kultivierte, aber feige Pendant des Löwen charakterisiert, stand als Krönung einer Uhr wohl auf seinem Schreibtisch. Statt mit der Pranke die Welt-Kugel zu umfassen, legt der Pudel seine Pfote geziert auf einen gepolsterten Schemel. Ängstlich und mutig, verschlagen und direkt, abgestumpft und leiden-

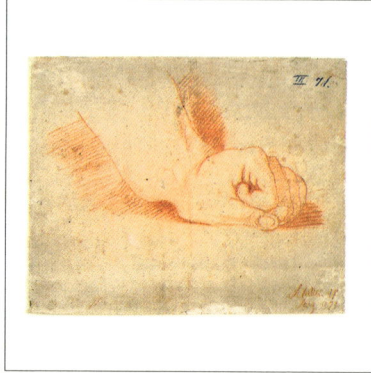

oben Schillers linke Hand, in der Karlschule von ihm selbst gezeichnet, August 1788.

unten Schillers sprechende Ringe: mit Satyrkopf (von ihm angeblich 1781 auf seiner Flucht aus Stuttgart getragen), Athene mit Speer und Eule, einem dreiblättrigen Kleeblatt (»Glaube, Liebe, Hoffnung«) und einem Löwen, der einen Hirsch reißt.

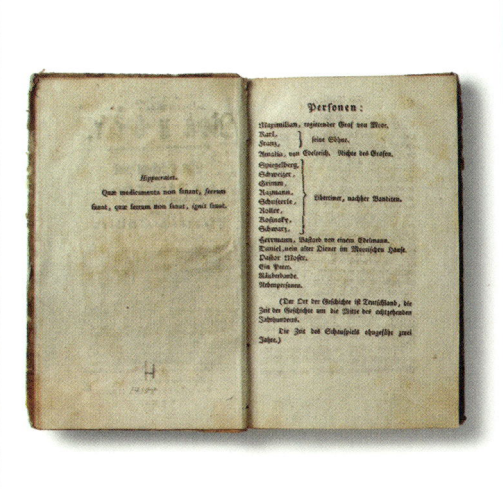

oben »Wo die Medizin nicht heilt, da heilt das Eisen; wo das Eisen nicht heilt, da heilt das Feuer«: Motto der *Räuber* (1782, Frankfurt / Leipzig: Löffler).

unten links Löwen statt Satyrspiel: Titelbild der dritten Auflage der *Räuber* (1799, Mannheim: Löffler).

unten rechts Pudel mit Löwen-Frisur: Tischuhr, die auf Schillers Schreibtisch gestanden haben soll.

oben Von Schiller 1790 von sei-
nem Verleger Göschen erbeten:
»Ich wünschte mir [von Josiah
Wedgwood] eine Leyer, eine
Psyche, einen Apollo oder Apollo-
kopf, und einen Homer«.

unten Aus Schillers Bibliothek,
von Charlotte von Lengefeld in
die Ehe gebracht: Johann Arndts
Vom wahren Christentum
(1696, Leipzig: Kloß & Heinichen)
mit Motten, die das Kerzenlicht
umschwirren.

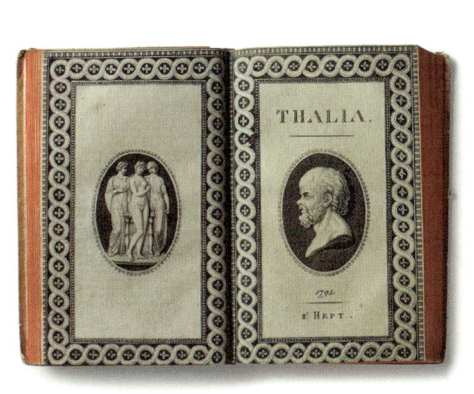

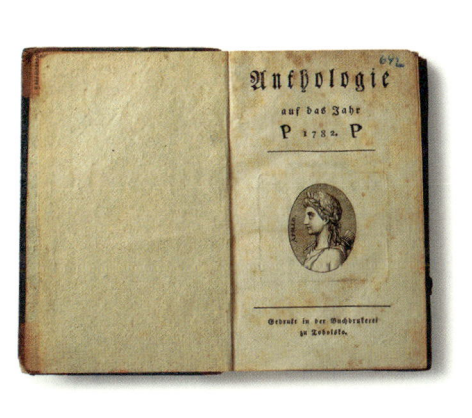

oben Homer und die drei Grazien
auf dem Einband der *Thalia*
(hier drei zusammengebundene
Hefte des bei Göschen in Leipzig
erschienen Jahrgangs 1792,
die Schiller dem befreundeten
Dichter Ludwig Schubart
schenkte).

unten Lichtgott in der Kälte mit
einem Köcher voll gefiederter
Pfeile: Der »ferntreffende« Apoll
auf dem Titel der *Anthologie auf
das Jahr 1782* (mit dem fingierten
Verlagsort »Tobolsko«, der Haupt-
stadt von Sibirien, eigentlich
Stuttgart: Metzler).

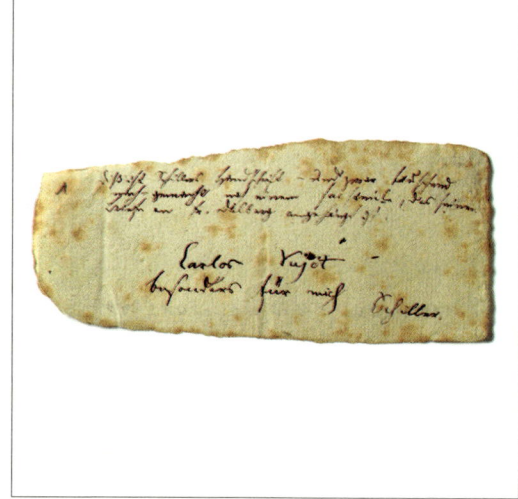

oben Stachelschweinborsten mit Stahlfedern aus Schillers Nachlass.

oben rechts Kommagenaue Reliquienteilung mit der Schere: »Ich soll die Unschuld unterdrücken,« (*Phädra*, III, 3).

unten »Carlos Sujet / besonders für mich / Schiller«. Geschrieben von Eduard Mörike (»Diß ist Schillers Handschrift – und zwar tauschend nachgemacht nach einem facsimile«).

oben Spazierstöcke aus Spanischem Rohr aus Schillers Besitz, am Knauf mit Unendlichkeitsmotiven verziert: Punkt und Schneckenlinie.

unten Ende in einer wilden Landschaft nach dem Beginn in einer anmutigen Gegend: *Der Spaziergang* im großzügigen Zeilenabstand gesetzt in den *Horen* (1795, 10. Stück, Tübingen: Cotta).

schaftlich, heiß und kalt – in solchen Gegensatzpaaren hat Schiller gern gedacht. Viele seine Texte handeln von Feuer und Hitze. So heißt es im *Fiesco*: »Das sind Männer in Hize die ihren Mann zwischen 4 Mauern aufsuchen, durch die Gefahr eine Bahn sich hauen, ihm gerade zu Leib gehen, mit dem ersten Gruß ihm den Grosdank für den zweiten ersparen. Unter uns. Man nennt sie nur die Extrapost der Hölle.« [NA 4,28 f.] In den *Räubern* ist das Feuer Programm: »Quae medicamenta non sanant, *ferrum* sanat, quae ferrum non sanat, *ignis* sanat« [NA 3,2] – ›Was Medikamente nicht heilen, das heilt das Eisen, was Eisen nicht heilt, das heilt das Feuer‹. In der Höllenhitze (»den ganzen Horizont in feuriger Lohe, und Berge und Städte und Wälder, wie Wachs im Ofen zerschmolzen« [NA 3,118]) des letzten Akts werden ein Ring, ein Spiegel und eine Locke in die himmlische Waagschale geworfen.

»FRANZ. [...] Da trat hervor Einer, anzusehen wie die Sternennacht, der hatte in seiner Hand eine eherne Wage, die hielt er zwischen Aufgang und Niedergang, und sprach: tretet herzu, ihr Kinder von Adam – ich wäge die Gedanken in der Schaale meines Zornes! und die Werke mit dem Gewicht meines Grimms! –
DANIEL. Gott erbarme sich meiner.
FRANZ. Schneebleich stunden alle, ängstlich klopfte die Erwartung in jeglicher Brust. Da war mirs, als hört ich meinen Namen zuerst genannt aus den Wettem des Berges, und mein innerstes Mark gefror in mir, und meine Zähne klapperten laut. Schnell begonn die Wange zu klingen, zu donnern der Fels, und die Stunden zogen vorüber, eine nach der andern an der links hangenden Schaale, und eine nach der andern warf eine *Todsünde* hinein –
DANIEL. Oh Gott vergeb euch!« [NA 3,19 f.]

* * *

»Nicht zu Nahe«, rät ein Kupferstich in Johann Arndts *Vom wahren Christentum* in der Ausgabe aus Schillers Haushalt (Leipzig 1696) zwei Motten in der Nähe einer Kerze. Das Spiel mit dem Feuer ist stets mehr als ein Spiel, wie vor dem Hintergrund von Schillers berühmtestem Gedicht, *Die Glocke*, sinnfällig wird: Ohne Feuer ist weder ein edles Metall noch ein schöner Klang zu denken. Die erhitze Seele als Esse, in welcher der Geist geschmiedet wird, das taucht als Gedanke schon 1780 in Schillers Gedicht *An Laura* auf:»Und ich soll's mit Gleichmuth sehen, / Wenn ein Andrer dich als Braut, / Wenn – ich soll's mit Gleichmuth sehen, / Er dich am Altare traut? / Ha! in allen Pulsen glühet, / Mit der Feuereße Gluth, / Ob der beßre Sinn sich mühet, / Dennoch dieses heiße Blut« [NA 2.1,459].

* * *

Der mit Temperament ausgeführte Strich, die vielen Streichungen, sind ein Charakteristikum von Schillers Manuskripten, die nach seinem Tod von seiner Ehefrau und seinen Verehren zerschnitten wurden, um sie weiter zu verteilen. Auch Schillers Federn, darunter seine letzte, wurden aufbewahrt, dazu seine Federmesser und Tintenfässer. Jeder kann damit in der Imagination, wenn er mag, Schiller noch einmal schreiben, sich von seinem Feuer anstecken lassen. Viele haben es getan. Die Schiller-Fälschungen sind Legion, die Gerstenbergk'schen die berühmtesten. 23 gibt es von ihnen in Marbach. Der Autographensammler Hermann Dingeldey hat Schillers Manuskripte durchgepaust, der Dichter Eduard Mörike hat ihn täuschend nachgeahmt, aber auch als genialischen Sudler neu entworfen und eines der schönsten Manuskripte des Archivs angefertigt, um die Strahlkraft, die Hitze und das Feuer des Dichters durchschlagend vor Augen zu führen. In Mörikes Handschrift seiner Verse »Des Herrlichen, womit die volle Welt / Uns überdrängt« ist der Vers »Erglüht der Sänger« durch Brandlöcher markiert.

* * *

Überraschend gemäßigt, mit Wärme, nicht mit Hitze definiert Schiller um 1795 in einer Notiz den »Enthousiasmus«, das buchstäbliche »Von einem Gott besessen sein«: »Ein Ideal zu realisieren ist die Grundlage jedes Menschen der der Freude fähig ist.« [NA 21,94.] Dem Freund Körner rät er 1792: »Die sogenannten *untern* Seelenkräfte sind wie schlafende Löwen, die man oft beßer thut nicht zu wecken, weil man sie nicht sogleich zum Schweigen bringen kann [...]. Darum bilde ich mir zuweilen ein, daß eine *reinere* Wirksamkeit der Vernunft das beste Mittel sey, den Streit in Deinem Kopf beizulegen« [an Christian Gottfried Körner, 10.6.172].

* * *

Zu den Gegenständen, die das Marbacher Inventarbuch Schiller in die Hand legt, gehören auch seine Spazierstöcke. Nicht nur, weil sie so gut zu seinen Gedichten *Der Spaziergang* und *Der Wandersänger* passen, dürften sie sich erhalten haben. Mit ihnen kommt man in Bewegung, ohne sich zu erhitzen. »Ich bin auf den Bergen, Dresden zu, herumgeschweift weil es da oben schon ganz trocken ist. Wirklich habe ich diese Bewegung höchst nöthig gehabt, denn diese paar Tage, auf dem Zimmer zugebracht haben mir, nebst dem Biertrinken, das ich aus wirklicher Desperation angefangen habe, dumme Geschichten im Unterleib zugezogen, die ich sonst nie verspürt habe.

Bei eben so schlechtem Wetter hätte ich in der Stadt doch mehr Bewegung gehabt, auch Plätze gefunden, die man wandeln kann – hier aber ist alles Morast, und wenn ich, Motion halber, in meinem Zimmer springe, so zittert das Hauß und der Wirth fragt erschrocken, was ich befehle.« [An Christian Gottfried Körner, 22.4.1787.]

Schenkel und Bahn

D as Gehen und Stehen, Springen und Hüpfen mag dem Dichter ›Motion‹ verschaffen, sogar als Auf-dem-Kopf-Stehenden hat Schiller sich selbst einmal karikiert. Die meiste Zeit jedoch muss er Sitzfleisch beweisen. An den Hosenboden denkt man bei Schriftstellern gewöhnlich nicht, obwohl sie ihn durchaus beanspruchen. Im 19. Jahrhundert war man auf der Suche nach Verbindung, nach wenigstens indirekt vermitteltem Körperkontakt mit den Dichtern in dieser Beziehung wesentlich ungenierter. Ein Schiller-Verehrer hat sogar einen Faden aus einem Stuhl, auf dem der Dichter gesessen haben soll, herausgelöst und als Andenken bewahrt. Auch ein Stuck Holz aus Schillers Geburtshaus hat sich erhalten, 1886 wohl aus dem Türrahmen geschnitten, vielleicht sogar aus der Schwelle, über die sein Fuß gegangen sein muss. Ansonsten sind typische Hosentascheninhalte überliefert: Münzen und zwei »Geldkatzen«. Denn auch Dichter mussten planen, rechnen, sparen, haben Schulden gemacht und manchmal die Zeche geprellt [vgl. Frank Druffner / Martin Schalhorn, *Götterpläne & Mäusegeschäfte. Schiller 1759 – 1805*. Marbach a. N. 2005, S. 191 – 221]: »Überdem zwingt ja das deutsche Publikum seine Schrift-

links Seidene Hose aus Schillers Nachlass.

steller, nicht nach dem Zuge des Genius, sondern nach Specula-zionen des Handels zu wählen.« [An Ludwig Ferdinand Huber, 7.12.1784.] Sparsamkeit und Kalkül sind aber nicht nur Schillers prekärer finanziellen Lage geschuldet und dem Versuch, trotz geringer Her-kunft als freier Schriftstelle zu überleben. Sie beweisen auch den Willen zur Selbstbestimmung:»›Kein Mensch muß müssen‹ sagt der Jude Nathan zum Derwisch, und dieses Wort ist in einem weiteren Umfange wahr, als man demselben vielleicht einräumen möchte. Der Wille ist der Geschlechtscharakter des Menschen, und die Vernunft selbst ist nur die ewige Regel desselben. [...] Alle andere Dinge müs-sen; der Mensch ist das Wesen, welches will« [NA 21,38].

***

Schiller hat seine Werk-Pläne geschätzt, sonst hätten sie sich nicht erhalten. Der Plan zum *Don Karlos* ist musterhaft gegliedert: »I. Schritt. Schürzung des Knotens.« – »I. Schritt. Der Knoten verwi-kelter.« – »III. Schritt. Anscheinende Auflösung, die den Knoten noch mehr verwikelt.« – »IV. Schritt. Dom Karlos unterliegt einer neuen Gefahr.« – »V. Schritt. Auflösung und Katastrophe.« [NA 7.2,183 f.] An seinen Schwager schreibt er:»Ich finde, daß diese Geschichte mehr Einheit und Intereße zum Grunde hat als ich bisher geglaubt, und mir Gelegenheit zu starken Zeichnungen und erschütternden oder rührenden Situazionen gibt.« [An Wilhelm Reinwald, 27.3.1783.]

Den Schulfreund Petersen, dem er die Bühnenfassung der *Räuber* zu Korrektur gab, mahnte er:»Ich erwarte von Dir keine schaale und superficielle Anzeige des Guten und Fehlerhafften, sondern eine eigentliche Zergliederung, nach dramatischer Behandlung, Verwik-lung, Entwiklung, Carakteren, Dialog, Interesse usw. [...] Wenn die Recension unter 6 Bogen ist, so mus ich schon das Maul krümen. Aber je größer sie ist desto begieriger bin ich – und desto vergnügter machs Du mich Deinen Erzfreund Schiller«. [An Johann Wilhelm Petersen, Sep-tember 1781.] Kritik im Überfluss ist – wie der Überfluss des Schönen –

dann erlaubt, wenn sie die Ausbildung eines Kunstwerks oder eines Körpers stützt, in dem nichts unnötig und zufällig ist. Beim *Demetrius* überprüft Schiller streng, ob ein Element notwendig ist und am richtigen Platz steht:»Darf Marfa in der ersten Scene schon ihre Gefühle erzählen oder vielmehr muß sie nicht hier oder nie erzählen?« [NA 11,275 f.] In den *Piccolomini* korrigiert er der logischen Stimmigkeit wegen im zweiten Akt das Alter der Prinzessin von fünf zu sechs, dann zu acht Jahren [NA 8,429].

* * *

»Das Schiff«, so ist ein Entwurf überschrieben, der Ort und Zeit, Gang der Handlung, dramatische Figuren und Dinge mit der allegorischen Bedeutung des geplanten Dramas verbindet:»Die Aufgabe ist ein Drama, worinn alle interessante Motive der Seereisen, der außereuropäischen Zustände und Sitten, der damit verknüpften Schicksale und Zufälle geschickt verbunden werden. Aufzufinden ist also ein Punctum saliens Landen und Absegeln. Sturm. Seetreffen. Meuterei auf dem Schiff. Schiffjustiz. Begegnung zweier Schiffe. Scheiterndes Schiff. Ausgesezte Mannschaft. Proviant. Waßereinnehmen. Handel. Seecarten, Compass, Längenuhr. Wilde Tiere, wilde Menschen. aus dem alle sich entwickeln, um welches sich alle natürlich anknüpfen laßen, ein Punkt also, wo sich Europa, Indien, Handel, Seefahrten, Schiff und Land, Wildheit und Kultur, Kunst und Natur, etc darstellen läßt. Auch die Schiffsdisciplin und Schiffsregierung, der Charakter des Seemanns, des Kaufmanns, des Abentheurers, des Pflanzers, des Indianers, des Creolen, müssen bestimmt und lebhaft erscheinen.« [NA 12,305.] Den »Punctum saliens« (›springenden Punkt‹) dürfte der Mediziner Schiller nicht nur redensartlich verstanden haben. Bereits Aristoteles spricht in seiner Tierkunde vom Springen eines Blutpunkts, der sich etwa am vierten Tage nach dem begonnenen Bebrüten eines Hühnereis zeigt. William Harvey, der Entdecker des Blutkreislaufs, beschreibt dieses Phänomen:»ejusque in centro fere, punctum sanguineum saliens emicat« [Gulielmi Harvei, *Opera II, Exercita-*

oben »Fäden aus Schillers Stuhl und Efeublatt aus seinem Gärtchen in Weimar«, um 1860 mitgenommen von dem Autographensammler Hermann Dingeldey.

unten Schillers Geldbeutel, eine so genannte Geldkatze.

oben »Bauerbacher Plan« zum
Don Karlos, 1783, mit der
Ausführung der Schritte 2
(»Der Knoten verwikelter«) und
3 (»Anscheinende Auflösung,
die den Knoten noch mehr
verwikelt«).

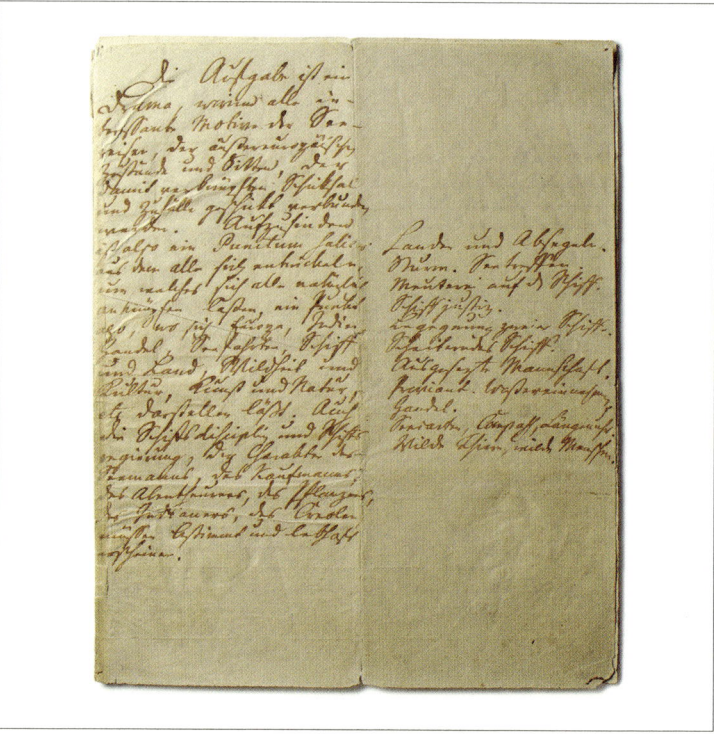

oben Plan zu *Das Schiff*, 1798 oder 1803/04: »Die Aufgabe ist ein Drama, worinn alle interessante Motive der Seereisen, der außereuropäischen Zustände und Sitten, der damit verknüpften Schicksale und Zufälle geschickt verbunden werden. Aufzufinden ist also ein Punctum saliens aus dem alle sich entwickeln, um welches sich alle natürlich anknüpfen laßen«.

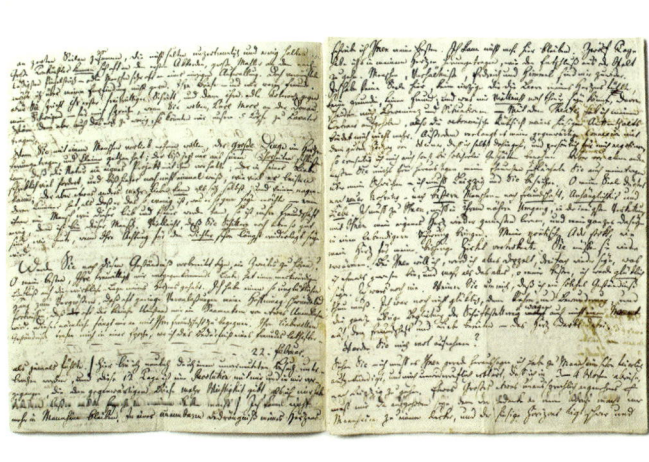

oben Aus dunkel gefasstem Elfenbein: Schillers Schachfiguren.

unten An den Freund Körner, Mannheim 10.2.1785: »Ihre liebevollen Geständniße trafen mich in einer Epoche, wo ich das Bedürfniß eines Freundes lebhafter – – – – – – – – – – – 22. Februar. Dienstag. als jemals fühlte. Hier bin ich neulich durch einen unvermuteten Besuch unterbrochen worden, und diese 12 Tage ist eine Revolution mit mir und in mir vorgegangen, die dem gegenwärtigen Briefe mehr Wichtigkeit gibt, als ich mir habe träumen laßen – die Epoche in meinem Leben macht.«

tiones de Generatione Animalium, Leyden 1737, S. 66]: ›und, beinahe in seinem Zentrum, zuckt ein springender, blutfarbener Punkt‹. Nimmt
man Schillers Metapher ernst, so ist der fruchtbare Augenblick eines
Dramas, die alle Folgen, Ver- und Entwicklungen motivierende Verbindung von Zeit und Ort, Figur, Rede und Handlung der Siedepunkt
des Kunstwerks. Auf einen Punkt ist alles zurückzuführen, aus ihm
heraus alles abzuleiten. Der poetische »Feuerfunke« kommt durch
Berechnung zustande.

***

Das Planen ist Grundlage des Schreibens wie des selbstbestimm-
ten Lebens, der Berechnung der verschiedenen Schicksalsbahnen.
Dennoch gehört für Schiller notwendig ein Quäntchen Zufall dazu,
Spielerglück, Glaube an das Schicksal. Die eigene Vorsehung und
Vorsicht allein nützt ohne Glück nicht: »Aber wer kann gegen das
Schicksal fechten? Sie wurden durch Geschäfte, ich durch Krankheit
und Witterung daran gehindert, und jetzt, da die Jahrszeit sich verbe-
ßert, ist die Zeit meines Hierbleibens verstrichen. Wenn die Witterung es zuläßt, so werde ich wahrscheinlich in 6 biß 8 Tagen meine
Zurükreise antreten. Eine seuchenschwangere LazarethWolke wälzt
sich gegen Schwaben her, und ich muß mich hüthen, daß der Blitz
nicht in meine baufällige Hütte schlägt«, schreibt er [an Eberhard Gmelin,
7.3.1794]. Und er ist überzeugt: »An *meinem* Wesen haben Schicksale
sehr gewaltsam gezerrt. Durch eine traurige düstre Jugend schritt ich
ins Leben hinein, und eine herz- und geistlose Erziehung hemmte bei
mir die leichte schöne Bewegung der ersten werdenden Gefühle.«
[An Caroline von Beulwitz, 25.8.1789.] Dem Freund Christian Gottfried Körner macht er eine schicksalhafte zwölftägige Unterbrechung mit
zahlreichen, um genau zu sein: mit zwölf Strichen deutlich: »(Hier bin
ich neulich durch einen unvermuteten Besuch unterbrochen worden,
und diese 12 Tage ist eine Revolution mit mir und in mir vorgegangen,
die dem gegenwärtigen Briefe mehr Wichtigkeit gibt, als ich mir habe
träumen laßen – die Epoche in meinem Leben macht)« [10./22.2.1785].

***

Auffällig viele Spiele sind von Schiller überliefert. Kartenspiele, Legespiele, Würfelspiele und ein Schachspiel, dessen Figuren in zwei großen hölzernen Urnen aufbewahrt wurden. Schiller hat wie Goethe ein Faible für Enttäuschungen, die Poesie der Enttäuschung von ihm sogar gelernt:»Hier fällt mir ein Periode aus dem Werther bei, den meine Phantasie (durch welche leise Ahndung? weiss ich nicht) aus meinen Kinderjahren aufbehalten hat. Es ist ein Orakel das über mein ganzes Leben scheint ausgesprochen zu seyn: ›Es ist mit der Ferne wie mit der Zukunft. Ein großes dämmerndes Ganze ligt vor unsrer Seele, unsre Empfindung verschwimmt sich darinn, und wenn das *Dort* nun *Hier* wird ist alles nach wie vor, und unser Herz lechzt nach entschlüpftem Labsal‹« [an Ludwig Ferdinand Huber, 5. 10. 1785]. Mehr als bei Goethe ist bei Schiller das »Trotzdem« vorherrschend. Im selben Brief schreibt Schiller:»Gewöhnlich machen wir den Fehler, die Zukunft nach einem *augenbliklichen höhern Kraftgefühl* zu berechnen, und den Dingen um uns her die Farbe unsrer Schäferstunde zu geben. Ich lobe die Begeisterung, und liebe die schöne ätherische Kraft, sich in eine große Entschliessung entzünden zu können. Sie gehört zu dem beßern Mann, aber sie vollendet ihn nicht. Enthousiasmus ist der kühne kräftige Stoß, der die Kugel in die Luft wirft, aber derjenige hieße ja ein Thor, der von dieser Kugel erwarten wollte, daß sie ewig in dieser Richtung und ewig mit dieser Geschwindigkeit, auslaufen sollte. Die Kugel macht einen *Bogen*, denn ihre Gewalt bricht sich in der Luft. Aber im süßen Moment der idealischen Entbindung pflegen wir nur die treibende Macht, nicht die Fallkraft, und nicht die widerstehende Materie in Rechnung zu bringen. [...] Wenigstens wollen wir Arm in Arm biß vor die Fallthüre der Sterblichkeit dringen, wo die Linien zwischen Menschen und Geistern gezogen sind. Enthousiasmus bleibe stets unsre erste treibende Gewalt, unsre Kugel soll wenigstens so kräftig von der Hand empor fliegen, daß der Bogen in den Wolken verschwinden, und ihr Rükfall kaum mehr geglaubt werden soll.«

Der Vorteil der Literatur liegt darin, dass man diese Bahn selbst und an jedem Punkt steuern kann. »Die moralischen Erscheinungen, Leidenschaften, Handlungen, Schicksale, deren Verhältnisse der Mensch im großen Laufe der Natur nicht immer verfolgen und übersehen kann, ordnet der Dichter nach *künstlichen* d. i. er gibt ihnen *künstlich* Zusammenhang und Auflösung.« [An Christian Gottfried Körner, 30. 3. 1789.] Vor voreiligen Kurzschlüssen freilich wird streng gewarnt: »Der Mensch lernt nach und nach diese *künstlichen Verhältniße* in den Lauf der Natur übertragen [...]. Ueberal sucht er die Symmetrie, die ihn die Kunst kennen gelernt hat. Aber dieses Gesetz des Ebenmaases wendet er zu früh auf die wirkliche Welt an, weil viele Parthien dieses großen Gebäudes für ihn noch in Dunkel gestellt sind. Um also sein Gefühl für Ebenmaaß zu befriedigen muß er der Natur eine künstliche Nachhilfe geben, er muß ihr gleichsam borgen.«

Sehne und Fessel

W urden Schillers Strümpfe auch deswegen gesammelt, weil er selbst sie so gern als Auslöser für den Einbruch der alltäglichen Welt in die idealische, des Komischen ins Erhabene und Tragische nahm? »Poësie, wißen Sie selbst, ist nirgends gefährlicher, als bei oekonomischen Rechnungen. Meine Seele wird getheilt, beunruhigt, ich stürze aus meinen idealischen Welten, sobald mich ein zerrissner Strumpf an die wirkliche mahnt. Fürs andere brauch ich zu meiner geheimern Glükseligkeit einen rechten wahren Herzensfreund, der mir stets an der Hand ist, wie mein Engel« [an Ludwig Ferdinand Huber, 25.3.1785]. Das *Untertänigste Pro Memoria an die Consistorialrath Körnerische weibliche Waschdeputation in Loschwiz, eingereicht von einem niedergeschlagenen Trauerspieldichter*, im 19. Jahrhundert so oft faksimiliert wie kein anderes Schiller-Gedicht, führt vom Kopf über Mund und Nase durch Herz und Magen hinunter zu den Füßen:

»Dumm ist mein Kopf und schwer wie Blei, / die Tobaksdose ledig / Mein Magen leer – der Himmel sei / dem Trauerspiele gnädig. // Ich kraze mit dem Federkiel / auf den gewalkten Lumpen; / Wer kann

links Seidener Strumpf, in um 1800 hochmodischen Längsstreifen, aus Schillers Nachlass.

Empfindung und Gefühl / aus hohlem Herzen pumpen? // *Feur* soll ich gießen aufs Papier / mit *angefrornem* Finger? – – / O Phöbus, haßest du Geschmier, / so wärm auch deine Sänger. // Die Wäsche klatscht vor meiner Thür, / es scharrt die Küchenzofe – / und mich – mich ruft das Flügelthier / nach König Philipps Hofe. // Ich steige mutig auf das Roß / in wenigen Sekunden / seh ich Madrid – am Königsschloß / hab ich es angebunden. / Ich eile durch die Gallerie / und – siehe da! – belausche / die junge Fürstin Eboli / in süßem Liebesrausche. // Jezt sinkt sie an des Prinzen Brust, / mit wonnevollem Schauer, / in *ihren* Augen Götterlust, / doch in den *seinen*, Trauer. // Schon ruft das schöne Weib Triumph / schon hör ich – Tod und Hölle! / *Was* hör ich? – einen naßen Strumpf / geworfen in die Welle. // Und weg ist Traum und Feerey, / Prinzessin, Gott befohlen! / Der Teufel soll die Dichterei / beim Hemderwaschen hohlen. // gegeben / in unserm jammervollem / Lager / ohnweit dem Keller. / F. Schiller. / Haus- und Wirthschafts Dichter.« [NA 1, 159 f.]

Für den Dichter sind die Strümpfe wie die Hüte, Westen und Hosen im Augenblick des Schreibens alles andere als reale Kleidungsstücke. Wie Figuren im Schach sind sie Spielmaterial. Die alltäglichen, den Körper betreffenden, ver- und enthüllenden Dinge gehören zur komischen Gattung wie Unglück und Tod zur tragischen. Der ›Strumpf‹ ist über sein Reimwort ›Triumph‹ begründet. Im Einzugsgebiet des Komischen beflügelt der Strumpf die Phantasie, er stellt ihr nicht das Bein. Das Komische löst Verkrampfungen und lockert den Stil. Unsinn inspiriert, weil ihm nicht die schwere Bürde obliegt, einen höheren Sinn vermitteln zu müssen. Manchmal kitzeln so komische Verse mit ihren schrägen Gedanken und Verbindungen Einfälle heraus, die in andere Gattungen übersetzt werden können, wo sie dann ganz ernst daherkommen. Den unreinen (schwäbischen) Reim etwa, den man beckmesserisch in Schillers Ballade *Der Ring des Polykrates* entdecken kann – »Dieß alles ist mir unterthänig, / Begann er zu Egyptens König« [NA 1,363] –, hatte Schiller zuerst in einem komischen Gedicht eingesetzt, in der *WUNDERSELTSAMEN HISTORIA DES BERÜHMTEN FELDZUGES als welchen HUGO SANHERIB König von Aßyrien ins Land Juda unternehmen wollte aber unverrichteter Ding wieder einstellen mußte. Aus einer alten Chronika gezogen und in schnakische Reimlein bracht von SIMEON KREBSAUGE Bakkalaur.* Sie beginnt so: »In Juda – schreibt die Chronika – / War olim schon ein König, / Dem war von Dan bis Berseba / Bald alles unterthänig.« [NA 1,142.] Auch bei Schiller, der kaum als besonders humorvoll, ironisch oder witzig gilt, gebiert der Übermut Ohrwürmer. Das Komische ist keine Nebenerscheinung des Erhabenen oder Tragischen, nicht Entladung und Entlastung des ernsthaften Schreibens, sondern dessen Ursprung.

* * *

Übermut und Leichtsinn, ausgelebt im Kreis der Freunde und Familie, ist ebenso Voraussetzung für die ernste Dichtung wie der (ironische) Blick auf sich selbst: »Ueberhaupt bin ich für das Bette zu groß oder es ist für mich zu klein, denn eines meiner Gliedmassen campiert immer die Nacht über in der Luft« [an Christian Gottfried Körner, 5.1.1787]. Über die Arbeit am *Wallenstein* berichtet Schiller: »Du glaubst nicht, was es einem armen Schelm von Poeten in meiner abgeschiedenen, von allem Weltlauf getrennten Lage kostet, eine solche fremdartige und wilde Masse zu bewegen, und eine dürre Staatsaction in eine Menschliche Handlung umzuschaffen.« [an Körner, 10.7.1797]. »Von dem Schicksal unsers Almanachs [Schillers *Musenalmanach für das Jahr 1797*] in der Welt habe ich noch nicht viel in Erfahrung bringen können. Für das Comische darin ist in der jetzigen Lesewelt zu wenig *Humor*, und für das ernsthafte zu wenig *Tiefe*«, klagt Schiller dem Freund Christian Gottfried Körner [am 28.10.1796]. Bei der Arbeit am *Wallenstein* lässt er sich von Horoskopen und astrologischen Büchern inspirieren und amüsieren: »Für Deine astrologische Mittheilungen danke ich Dir sehr, sie sind mir wohl zu statten gekommen. Ich habe unterdeßen einige tolle Produkte aus diesem

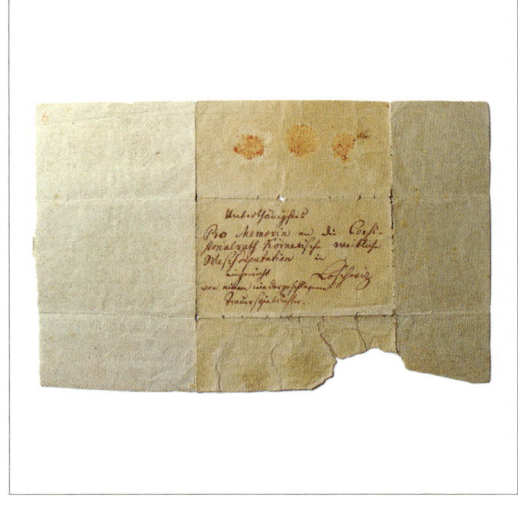

oben Leinene »Strümpfe
Schillers, welche er als Jüngling
getragen« haben soll. Vier Paar
Strümpfe aus Leinen werden
in der »Montirungsliste« der
Hohen Karlsschule aufgeführt,
als Schiller 1773 eintritt.

unten Fingierte Post: Umschlag
des »Unterthänigsten Pro Memoria an die Consistorialrath Körnerische weibliche Waschdeputation
in Loschwitz eingereicht von
einem niedergeschlagenen
Trauerspieldichter«, 1786.

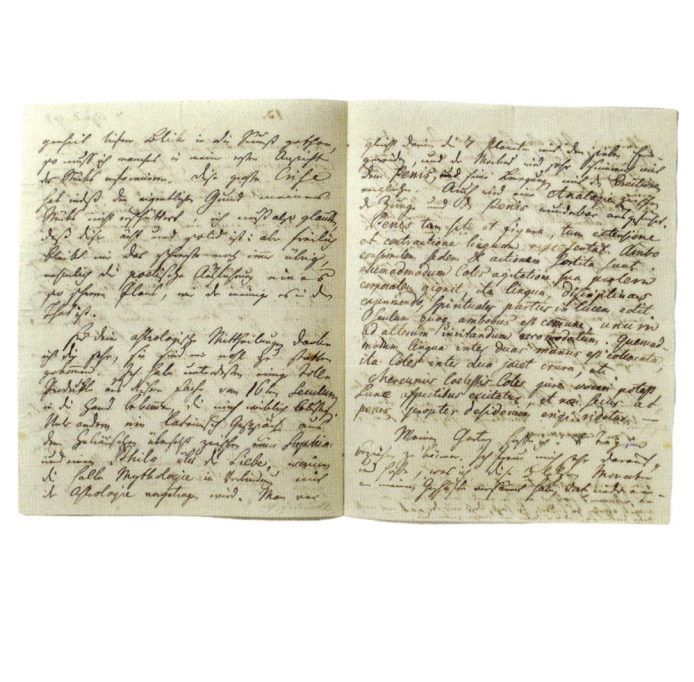

oben »Unterthänigstes Pro Memoria«, von Eduard Mörike mit genialisch-schludriger Handschrift und über die Zeilenordnung hinweg als Brief an sich selbst gerichtet (»Seiner Wohlgeboren Herrn Professor Dr Mörike Stuttgart«).

unten Fund in lateinischer Sprache während der Arbeiten am *Wallenstein* – an Körner, Jena 7. 4. 1797: »Für Deine astrologische Mittheilungen danke ich Dir sehr, sie sind mir wohl zu statten gekommen. Ich habe unterdeßen einige tolle Produkte aus diesem Fache vom 16ten Seculum in die Hand bekommen, die mich wirklich belustigen«.

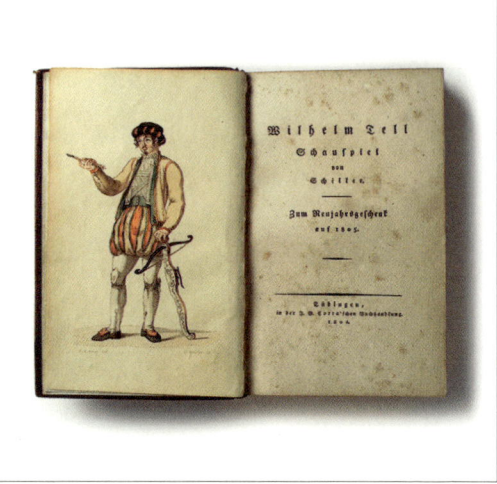

oben Von der Armbrust zur Fiedel, vom Pfeil zum Bogen: Titelbilder der Erstausgabe des *Wilhelm Tell* (1804, Tübingen: Cotta) und einer 1805 erschienen *Tell*-Parodie (mit dem fingierten Verlagsort Uri).

oben In Serie vorgefertigtes
Souvenir um 1800: Tintenfass mit
Homerkopf aus Schillers Besitz.

unten »Die Frierende«,
»La Frileuse« – Kopie einer
Marmorstatue (1783) von Jean-
Antoine Houdon (1741–1828) aus
Pappmaché, aus Schillers Besitz,
ursprünglich fleischfarben
gefasst.

Fache vom 16ten Seculum in die Hand bekommen, die mich wirklich belustigen. Unter andern ein lateinisch Gespräch aus dem Hebräischen übersetzt zwischen einer Sophia und einem Philo über die Liebe, worinn die halbe Mythologie in Verbindung mit der Astrologie vorgetragen wird. Man vergleicht darinn die Planeten mit den sieben Eingeweiden, und der Merkur wird sehr sinnreich mit dem Penis, und seine Bewegungen mit den Erectionen verglichen. Auch wird eine Analogie zwischen der Zunge und dem Penis wunderbar ausgeführt« [an Christian Gottfried Körner, 7.4.1797]. August Wilhelm Iffland kündigt er den *Wilhelm Tell* als Spaß an: »Auf ein schönes Geläut müssen Sie denken, denn dieses Schweitzerische Stück fängt billig mit dem Klang der Heerden, mit dem Kuhhirten und dem Kuhreihen an« [5.8.1803]. Der Schelm, der zwischen zwei Welten steht, dürfte bei solchen Voraussetzungen das Tintenfass mit dem Homerkopf auf seinem Schreibtisch kaum nur im Ernst betrachtet habe. So wenig wie seine mythologischen Ringe, Knöpfe und Mantelschließen oder die nur spärlich bekleidete *Frierende*, eine Pappmaché-Kopie nach Jean-Antoine Houdon.

Sohle und Hölle

S ieben Schuhschnallen werden in Marbach zum Schiller-Bestand gezählt. Schuhe oder gar Schuhnägel gibt es keine, obwohl eine 1899 zum Wettbewerb des Schillermuseums und -archivs im *Bottwartalboten* veröffentlichte Anekdote einen solchen Schuhnagel zum ersten Museumsexponat erklärte:»Wichtiger Fund. Links an der Straße, die von Marbach nach Großbottwar führt, ist in diesem Frühjahr beim Umpflügen eines Ackers ein Schuhnagel gefunden worden, über dessen Herkunft man lange im Zweifel war. Die neuesten Schillerforschungen haben ergeben, daß dies der Schuhnagel ist, der an einem der Schuhe fehlt, die im Marbacher Schillerhaus als ›Schillers Schuhe‹ aufbewahrt sind, und nach dem man bis jetzt erfolglos gesucht hatte. Wie man hört, soll der interessante Schuhnagel in Glas gefasst und dem Marbacher Schillermuseum einverleibt werden«.

Schillers Figuren trippeln nicht, sie schlurfen oder hinken nicht, sie schlagen Wurzeln, schweben (»Siehe wie schwebenden Schritts im Wellenschwung sich die Paare / Drehen, den Boden berührt kaum der geflügelte Fuß. / Seh' ich flüchtige Schatten, befreit von der

Schwere des Leibes? / Schlingen im Mondlicht dort Elfen den luftigen Reihn?«, heißt es in *Der Tanz* [NA 2.1,299]). Oder sie stampfen, tatsächlich oder im übertragenen Sinne. Karl des Siebenten rhetorische Frage »Kann ich Armeen aus der Erde stampfen? / Wächst mir ein Kornfeld in der flachen Hand?« [NA 9,188] ist sprichwörtlich geworden. Das Verhältnis der Schiller'schen Figuren zur Erdanziehungskraft wie zur Fliehkraft ist extrem. Es ist, als wollten sie gleich in den Himmel kommen oder aber in die Hölle einbrechen.

.

***

Schillers Biograf Karl Hoffmeister stellt im Zusammenhang mit den *Räubern* fest: »Man wird die affectvolle Sinnesglut, welche in diesem Drama gleichsam verkörpert ist, besser begreifen, wenn man weiß, wie Schiller damals dichtete.« [Karl Hoffmeister, *Schillers Leben für den weitern Kreis seiner Leser*, erg. und hrsg. von Heinrich Viehoff, Tl. 1, Stuttgart 1846, S. 84.] Dies erzählt uns Petersen: »In ihrer äußeren Wirkung betrachtet, war die Begeisterung bei Schiller in der Tat korybantischer Art. Wenn er dichtete, brachte er seine Gedanken unter Stampfen, Schnauben und Brausen zu Papier, eine Gefühlsaufwallung, die man oft auch an Michelangelo während seiner Bildhauerarbeiten bemerkt hat. Mehr als hundertmal haben Schillers Bekannte diese Erscheinung an ihm beobachtet, und völlig wahr ist folgende kleine Geschichte: Die ärztlichen Zöglinge der Akademie mußten am Ende ihrer Lehrjahre die Krankenzimmer besuchen und über die gehörige Pflege der Leidenden die Aufsicht führen. Als Schillern einmal die Reihe traf, setzte er sich an das Bett eines Kranken. Statt diesen aber zu befragen und beobachten, geriet der Dichtende in solche brausende Bewegungen und heftige Zuckungen, daß dem Kranken angst und bange ward, sein zugegebener Arzt möchte in Wahnwitz und Tobsucht verfallen sein.« [Zit. nach: *Schillers Gespräche*, hrsg. von Freiherr von Biedermann, München (o. J.), S. 25 f.] Was Schiller daher in *Der Eroberer* (1776) ruft: »Fahr ich da wüthend auf, / Stampfe gegen die Erd,

schalle mit Sturmgeheul / Deinen Nahmen, Verworfner« [NA 1,6], das
ist wörtlich aus seiner eigenen Praxis genommen. »Noch im spätern
Mannesalter saß Schiller, wie mir sein Sohn Ernst erzählte, wenn er
arbeitete, nicht ruhig sitzend am Tische, sondern stand über denselben hingebogen, und, seine linke Seite an dessen Rand drückend,
schrieb er, sich auf den einen Arm stützend, in dieser unbequemen,
stehenden Lage, und ging abwechselnd bewegt im Zimmer auf und
ab. Eine solche Seelenbewegung theilte sich dann seinen Arbeiten

mit, so daß es nicht zu verwundern ist, daß sie alle gewissermaßen
eine hohe Temperatur des Gemüthes haben« [Karl Hoffmeister, *Schillers
Leben für den weitern Kreis seiner Leser*, erg. und hrsg. von Heinrich Viehoff, Tl. 1,
Stuttgart 1846, S. 85].

***

Die Anekdoten, die sich schon zu Schillers Lebzeiten verbreiten,
stellen den Dichter mitten ins Leben und heben ihn doch hervor. Sie
haben ihren Ursprung in der griechischen Mythologie und setzen
die klare Einteilung der Welt voraus, in der man an manchen Orten
in die Unterwelt kommt, an anderen nicht. Auf zwei kolorierten
Stichen, die sich Achim von Arnim um 1800 in sein Stammbuch [DLA]
geklebt hat, sind diese Höllenorte dem männlichen Körper einge-
schrieben. Unterhalb der Gürtellinie liegt vorne die »Finstere Welt«,
hinten die bunt ausgemalte und rauchende Hölle. Im Nacken sitzt
die Vernunft, am Hals hängt der Verstand. Schiller fällt dadurch auf,
dass er sich an diese Einteilungen offenbar nicht hält und auch da
stampft, wo es sich nicht gehört. Himmel und Hölle sind ihm dabei
häufig einerlei, wobei er jedoch keineswegs einfach ein schwarzes in
ein weißes Feld verkehrt oder die Regeln außer Acht lässt. In der
Jungfrau von Orleans braucht die Hölle, um zu erscheinen, ursächlich den Himmel: »Das ist ein grausam, mördrisch Ungewitter, / Der
Himmel droht in Feuerbächen sich / Herabzugießen, und am hellen
Tag / Ists Nacht, daß man die Sterne könnte sehn. / Wie eine losge-
laßne Hölle tobt / Der Sturm, die Erde bebt und krachend beugen /

Die alt verjährten Eschen ihre Krone« [NA 9,292]. Das Gedicht *Der Tanz*, das mit dem Schweben beginnt, hört mit dem Maßhalten auf:

>»Sprich wie geschieht's, daß rastlos erneut die Bildungen
schwanken,
>Und die Ruhe besteht in der bewegten Gestalt?
>Jeder ein Herrscher, frei, nur dem eigenen Herzen gehorchet,
>Und im eilenden Lauf findet die einzige Bahn?
>Willst du es wissen? Es ist des Wohllauts mächtige Gottheit,
>Die zum geselligen Tanz ordnet den tobenden Sprung,
>Die, der Nemesis gleich, an des Rhythmus goldenem Zügel
>Lenkt die brausende Lust und die verwilderte zähmt;
>Und dir rauschen umsonst die Harmonieen des Weltalls,
>Dich ergreift nicht der Strom dieses erhabnen Gesangs,
>Nicht der begeisternde Takt, den alle Wesen dir schlagen,
>Nicht der wirbelnde Tanz, der durch den ewigen Raum
>Leuchtende Sonnen schwingt in kühn gewundenen Bahnen?
>Das du im Spiele doch ehrst, fliehst du im Handeln, das Maaß.«
[NA 2.1,299.]

* * *

Die minutiös geführten Rapporte, Stundenpläne und tabellarischen Schilderungen der »physikalischen und moralischen Carakteurs« der Karlsschule, die dem Eleven Schiller das Leben so schwer und zur ›Hölle‹ gemacht haben, sind die nicht-ästhetischen Vorläufer von Schillers sorgfältigen Plänen, seinen Rollen-Entwürfen und seiner klaren Verteilung der Figuren im Raum. Dieselben Mittel dienen entgegengesetzten Zwecken. Der Dramatiker muss jede einzelne Figur für sich und in ihrem Zusammenspiel mit anderen denken. Er vergibt in den Regieanweisungen klare Positionen: Requisiten und bei Bühnenbild helfen den Figuren beim Weg über die Bühne und bei ihren Auftritten und Abgängen. Eine der ausführlichsten Szenenbeschreibungen gibt Schiller zu Beginn des *Demetrius*: »Wenn der Vorhang aufgeht, sieht man die polnische Reichsversammlung in dem grossen Senatssaale sitzen. Die hinterste Tiefe des Theaters ist eine drey Stuffen hohe Estrade, mit rothem Teppich belegt, worauf der königliche Thron mit einem Himmel bedeckt; zu beiden Seiten hängen die Wappen von Pohlen und Litthauen. Der *König* sizt auf dem Thron, zu seiner rechten und linken auf der Estrade stehen die zehen *Kronbeamten*. Unter der Estrade zu beiden Seiten des Theaters sitzen die *Bischöffe*, *Palatinen*, und *Kastellanen* mit bedecktem Haupt; hinter diesen stehen mit unbedeckten Haupt die *Landboten* in zwey Reihen alle bewaffnet. Der Erzbischoff von *Gnesen* als der Primas des Reichs sizt dem Proscenium am nächsten, hinter ihm hält sein Kaplan ein goldenes Kreutz.« [NA 11,7.]

***

Schillers Figuren bewegen sich von ihren Ausgangspositionen aufeinander zu und wieder voneinander weg, vielfach dem Chaos nahe, aber nie ohne zu wissen, wo ihr nächster Standort ist. In der Handschrift der *Piccolomini* entwirft Schiller den Beginn des vierten Akts zunächst so:»Ein großer festlich erleuchteter Saal, in der Vertiefung desselben eine reich ausgeschmückte Tafel, an welcher Octavio, Piccolomini, Terzky, Isolani mit sechs anderen Commandeurs sitzen und für den jüngern Piccolomini ein Platz leer gelassen ist. Die Mittelthür öffnet den Prospekt in eine Reihe von Zimmern, welche mit ähnlichen Tafeln besetzt sind. Mehr vorwärts steht der Credenztische, die ganze vordere Bühne bleibt für die auf=wartenden Bedienten frey. Alles ist in Bewegung, Spielleute und Terskys Regiment ziehen über den Schauplatz um die Tafel herum. Wenn sie sich entfernt haben, erscheint Max Piccolomini, ihm kommt Terzky mit einer Schrift, Isolani mit einem Pokal entgegen« [P94r, DLA.]

Der artifizielle Prospekt, der den Blick sowohl zentralperspektivisch auf einen im Unendlichen liegenden Fluchtpunkt sowie auf eine eindeutige Leerstelle, den leeren elften Stuhl an der vorderen Tafel, zieht, wird in der Überarbeitung entgeometrisiert, weniger

128

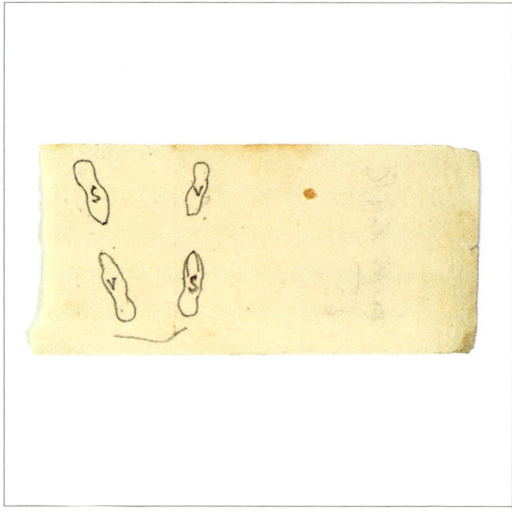

oben Fußstellungen in Mörikes Erzählung *Das Stuttgarter Hutzel-männlein* (1853), vom Dichter selbst gezeichnet: S (für Seppe) und V (für Vrone) gehen hinter-einander auf dem Seil, nachdem sie jeweils einer ihrer Schuhe miteinander getauscht haben.

unten »Tabellarische Schilderung der physikalischen und Morali-schen Carackteurs« der Zöglinge Ende 1775. Schiller ist seit seinem Eintritt »ziemlich wohl« gewachsen, war vier Mal krank, hat sich gegen den Herzog »ins-gesamt mit voll unterthänigster

Ehrforcht« aufgeführt, gegen Vorgesetzte »aufmerksam und gehorsam«, gegen Kameraden »gefällig« und gegen sich selbst »zufrieden«. Gedächtnis und Kombinationsfähigkeit sind gut, der Scharfsinn mittelmäßig.

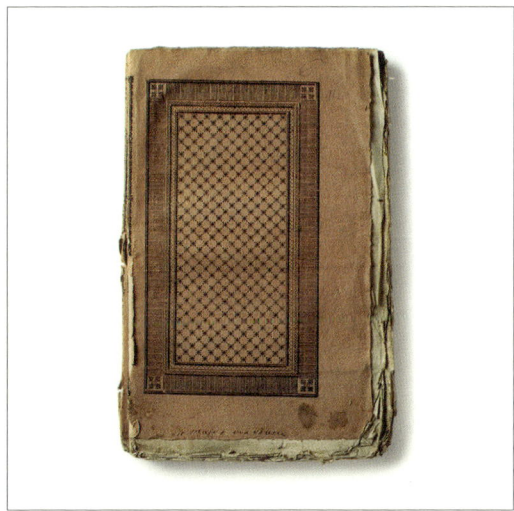

oben Spielfeld aus Leder,
ein weiterer Teil von Schillers
Schachspiel.

unten Spielfeld aus Papier:
der broschierte Einband der
Zeitschrift *Die Horen* (1795/96,
Tübingen: Cotta).

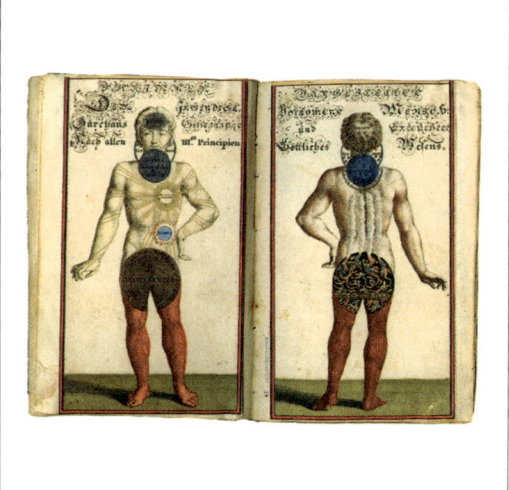

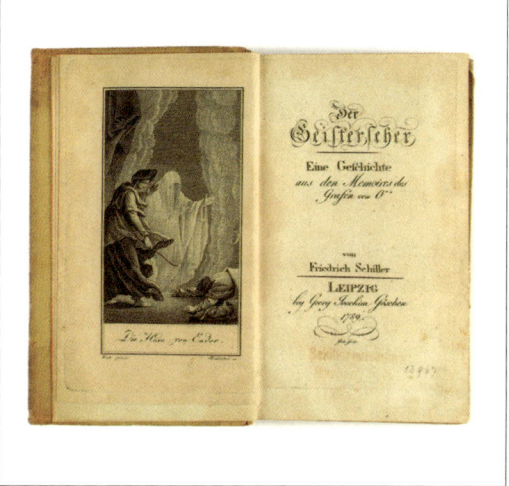

oben »Finstere Welt« vorne und
Hölle hinten: Stammbuch des
Dichters Achim von Arnim
(1781–1831) mit zwei Stichen zu
Jakob Böhme (aus Johann Georg
Grabers und Johann Georg Gich-
tels *Eine kurze Eröffnung und
Anweisung der dreyen Prinzipien
Und Welten Im Menschen*, 1723).

unten Biblische Totenbeschwö-
rung in Schillers *Der Geisterseher*
(1789, Leipzig: Göschen): die
Hexe von Endor, die für König
Saul den Geist von Samuel
herbeibeschwört, der ihm den
baldigen Tod prophezeit.

rechte Seite oben Schreiben
»aus dem Reich der Toten« – für
Schiller gefertigte Abschrift der
Urkunde, mit der ihm die französische Ehrenbürgerschaft verliehen
wird. Als er 1798 endlich die 1792
ausgefertigte Urkunde erhält, ist
Danton, der unterschrieben hatte,
seit vier Jahren tot.

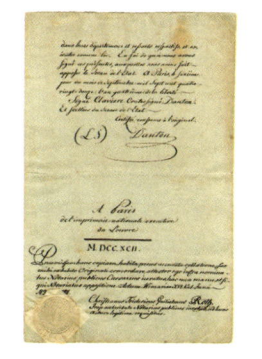

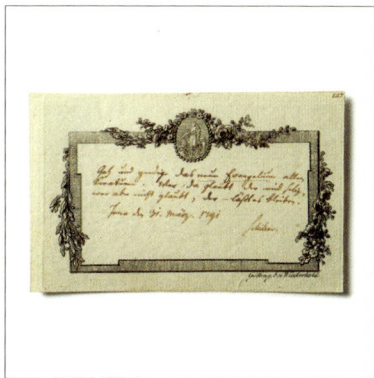

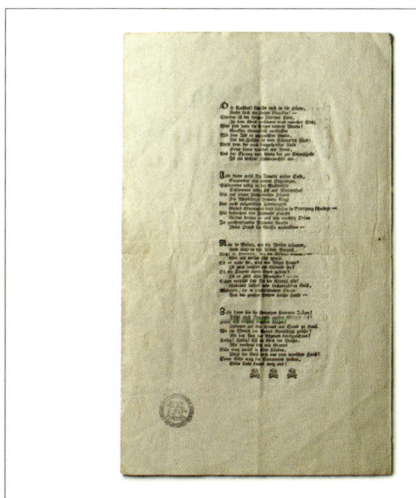

rechts oben Schillers Eintrag in
das Stammbuch des Philosophen
und Theologen von Friedrich Im-
manuel Niethammer (1766 – 1848):
»Geh und predige das neue
Evangelium allen Kreaturen.
Wer da glaubt der wird selig,
wer aber nicht glaubt, der – läßt
es bleiben«.

Niethammer führt den Eintrag,
der ironisch auf die Bibel anspielt
(»Gehet hin in alle Welt und predi-
get das Evangelium aller Kreatur.
Wer da glaubet und getauft wird,
der wird selig werden; wer aber
nicht glaubt, der wird verdammt
werden«, Mk 15,16 f.) auf den
Einfluss Kants zurück.

unten Barocke Emblematik und
Piratenflagge: Schlussvignetten
der *Elegie auf den frühzeitigen
Tod Johann Christian Weckerlins*
(1781, Einzeldruck Stuttgart:
Mäntler).

erhaben, breiter statt tiefer, bunter in den Kostümen, nicht so schicksalshaft für den hinzukommenden Max Piccolomini. Eine der beiden Symmetrien, die Schiller stehen lässt, sorgt am Ende für Komik: »Szene: Ein großer festlich erleuchteter Saal, in der Mitte desselben und nach der Tiefe des Theaters eine reich ausgeschmückte Tafel, an welcher acht Generäle, worunter Octavio, Piccolomini, Terzky, und Maradas sitzen. Rechts und links davon, mehr nach hinten zu noch zwey andere Tafeln, welche jede mit sechs Gästen besetzt sind. Vorwärts steht der Credenztisch, die ganze vordere Bühne bleibt für die auf=wartenden Pagen und Bedienten frey. Alles ist in Bewegung, Spielleute und Terskys Regiment ziehen über den Schauplatz um die Tafel herum. Noch ehe sie sich ganz entfernt haben, erscheint Max Piccolomini, ihm kommt Terzky mit einer Schrift, Isolani mit einem Pokal entgegen. Beide haben die Serviette vor«. [P94r, DLA.] Statt durch eine Mitteltür in eine Flucht von Zimmern und auf einen leeren Stuhl zu blicken, wird der Zuschauer von zwei Servietten abgelenkt. In der Endfassung verzichtet Schiller dann auch auf diese letzte, komische Symmetrie.

**

Schiller kennt nicht *einen* Himmel, *eine* Hölle, es gibt für ihn viele Himmel und Höllen: eine heiße Hölle, eine kalte Unterwelt, einsame Kerker, übervolle Siedetöpfe, ein ›Reich der Schatten‹ (so der ursprüngliche Titel des Gedichts *Das Ideal und das Leben*) und ein Bürgerrecht »ganz aus dem Reich der Todten« (so Schiller [an Christian Gottfried Körner, 16.3.1798] über das von dem mittlerweile hingerichteten Danton unterschriebene französische Ehrenbürgerdiplom, das ihn mit mehrjähriger Verspätung erreichte). Er kennt Sensenmänner, Totenköpfe (die er in seiner *Elegie auf den frühzeitigen Tod Johann Christian Weckherlins* als Schlussvignetten setzen lässt) und wirkliche Leichen: »Die Leiche war sehr abgezehrt, aber nicht erstarret. Vom Aufliegen hatte er eine Entzündung. Als man die Brust öffnete, floß eine große Menge gelblichten Blutwassers heraus. Das Netz, so sehr gering war, schien wie brandig, doch hatte es den faulen Geruch nicht. Der Magen, die Gedärme waren natürlich, nur die großen waren etwas aufgeblasen. Würmer fühlte man von außen keine. Von innen wurden sie nicht untersucht, weil es die Zeit nicht erlaubte. Das Gekrös enthielt eine gelblichte Zähigkeit und schien äußerlich von stockendem Blute bleifärbig. Keine Verhärtungen ließen sich in den Drüsen desselben bemerken. Die große Magendrüse aber war ziemlich verhärtet. Die Leber war an der untern Fläche schwarzblau. An der obern blau und rot marmoriert. Sie war sehr voll Blutes.« [*Beobachtungen bei der Leichen-Öffnung des Eleve Hillers, NA* 22,17.]

* * *

Schiller starb mit 45 Jahren am 9. Mai 1805. Der Mythos vom körperlosen, rein geistigen Schiller begann in diesem Augenblick. In seinem schnell verbreiteten Obduktionsbericht hält der herzogliche Leibmedikus Dr. Wilhelm Huschke fest:»Das Herz stellte einen leeren Beutel vor und hatte sehr viel Runzeln, war häutig ohne Muskelsubstanz. Diesen häutigen Sack konnte man in kleine Stücken zerflocken.« [Thüringisches Hauptstaatsarchiv Weimar HAA XIX,62.] Dieser Befund macht Schillers Herz zur idealen Projektionsfläche für seine Verehrer, zur verlassenen Hülle des Genies, zum unterlegenen Gegner des Idealisten:»Es ist merkwürdig, daß Schiller allein in seinem schön organisierten Kopf gelebt hat. Die Ärzte stimmten darin überein, daß sie nie einen so ganz verdorbenen und aufgelösten Körper angetroffen hätten, alles verknorpelt, nur den kleinsten Rest von Lunge, und – stelle Dir vor! – gar kein Herz mehr, nichts als ein Stückchen Haut. Ich glaube, daher kommt es, daß ich Schillern nie anreden konnte, so gern ich ihn auch sprechen hörte. Wenige Stunden vor dem Tode sagte Schiller, daß ihm alles so heiter wäre, so schön sähe er alles«, berichtete Henriette von Knebel ihrem Bruder [zit. nach: *Schillers Gespräche*, hrsg. von Freiherr von Biedermann, München (o. J.), S. 376]. Das zur Verklärung passende Manuskript fand man, so ist es überliefert, und

so wurde es lange Zeit im »Schiller-Zimmer« des Schiller-Nationalmuseums gezeigt, nach dem Tod auf Schillers Schreibtisch: den
Monolog der Marfa aus dem *Demetrius*, an dem er bis zuletzt gearbei-
tet hatte: »Ich habe nichts als mein Gebet und Flehn, / Das schöpf ich
glühend aus der tiefsten Seele, / Das send ich gläubig in die Himmelshöhen, / Wie eine Heerschaar send ich dirs entgegen« [NA 11,377].

***

Verse wie der Monolog der Marfa aus dem *Demetrius* wären freilich
nicht geschrieben worden, wenn Schillers Welt nur ein Reich des
Geistes gewesen wäre. Er nimmt für all seine Figuren den ganzen
Raum in Anspruch, den es in und um einen Körper geben kann.
Er lässt sie von unten nach oben reden, vom tiefen Inneren in die
äußerste Höhe oder auch von ganz oben herab in die Tiefe, er über-
lagert dabei in Tonart und Charakter verschiedene Sphären sozialer
Schichten und Redeweisen und setzt darauf, dass deren Schnitt-
menge den einzelnen Figuren Licht und Schatten und damit Volu-
men und Seele, eine innere Tiefe gibt. Dem Freund Körner erläutert
er eine Metapher, die er aus dem *Ossian* für das Gedicht *Die Künstler*
entlehnt hat: »Das Gleichniß: Der Schatten in des Mondes Angesichte
usf. hat in meinen Augen einen ungemeinen Werth. Das Menschliche
Leben, sage ich in den vorhergehenden Versen, erscheint dem Menschen als ein Bogen d. i. als ein unvollkommener Theil eines Kreises,
den er durch die Nacht des Grabes fortsetzt um den Zirkel ganz zu
machen (von Schönheit oder Kunstgefühl sich regieren laßen ist ja
nichts anders als den Hang haben, alles ganz zu machen, alles zur
Vollendung zu bringen) Nun ist aber der wachsende Mond ein solcher Bogen, und der übrige Theil, der noch fehlt um den Zirkel völlig zu machen ist unbeleuchtet.« [An Christian Gottfried Körner, 30. 3. 1789.]

Flüchtige Tote
Schriftsteller und ihre Museumslegenden
Essay von Wilhelm Genazino

I. BEVOR ANDERE IHN AUSSTELLEN, STELLT SICH DER DICHTER SELBER AUS

V om Erich-Kästner-Museum in Dresden hatte ich mir viel versprochen. Ich wusste, das Museum ist in einem für Kästners Lebensgeschichte bedeutsamen Haus untergebracht, nämlich in einer großen Villa in der Antonstr. 1, am Albertplatz (im Stadtteil Neustadt). In dieser Villa war Kästner, als er noch der kleine Erich war, oft zu Besuch. Hier lebte sein Onkel Franz, ein Bruder seiner Mutter, der es als Pferdehändler zu enormem Reichtum und eben auch zu dieser Villa gebracht hatte. Aber leider ist das Museum, wie so viele andere Literatur-Museen auch, kaum mehr als eine Art Archiv, das einer Verwahranstalt mehr ähnelt als einem lebendigen Raum. In zahlreichen Kästen, Schubladen und Vitrinen sind Kästner-Dokumente, Akten und Werke (oder Kopien davon) untergebracht – und lassen kaum einen Schimmer davon erkennen, was für eine anregende Persönlichkeit Kästner einmal war. Das ist nicht als Vorwurf gemeint. Es ist schwer, aus abgelebten Dingen einen Hauch ihrer einstigen Vitalität herauszufiltern, und es geht schnell, auch mit aufregenden Objekten auf einem toten Gleis zu enden. Außer der üblichen Flachware gibt es drei Stücke aus Kästners wirklichem Leben zu sehen: eine Schreibmaschine aus der Nachkriegszeit, einen Sakko und einen schwarzen Hut. Ich verharrte längere Zeit vor diesen Objekten und versuchte, ob ich nicht einer auratischen Erfahrung teilhaftig werden könnte. »Die Aura einer Erscheinung erfahren, heißt, sie mit dem Vermögen belehnen, den Blick aufzuschlagen« (Walter Benjamin). Doch die Dinge schlugen den Blick nicht auf; alles, was sie von sich preisgaben, war ihre Staubigkeit und diverse Materialrisse, die ihnen ihr Alter aufgenötigt hatte.

Ich verließ die Villa und ging in die Königsbrücker Straße, die am Albertplatz beginnt. Hier ist Kästner geboren worden. Weil die Familie die Wohnung innerhalb der Königsbrücker Straße noch zwei weitere Male gewechselt hat, konnte Kästner später schreiben: »Und ich selber bin, was sonst ich auch wurde, eines immer geblieben: ein Kind der Königsbrücker Straße. Dieser merkwürdig dreigeteilten Straße mit ihren Vorgärten am Anfang, ihren Mietshäusern in der Mitte und ihren Kasernen [...] am Ende der Stadt«. Am Eingang des Hauses Nr. 66 hängt eine Tafel mit diesem Text: »Der Schriftsteller Erich Kästner, 1899–1974, wurde in diesem Haus geboren«. Neben der Eingangstür sind elf Klingelschilder angebracht, das Haus ist heute genauso belebt wie damals. Kästner gestand in seinen Erinnerungen: »In den drei Häusern meiner Kindheit gab es keine Marmorgöttinnen, keine Nymphen aus Bronze und keine höheren Töchter«; sie waren »Mietskasernen wie tausend andere auch«. Aber Kästner räumt auch ein: »Wenn es zutreffen sollte, daß ich nicht nur weiß, was schlimm und häßlich, sondern auch, was schön ist, so verdanke ich diese Gabe dem Glück, in Dresden aufgewachsen zu sein«. Insbesondere in dieser charakterstarken Königsbrücker Straße. Vermutlich wirkt sie durch die seither vergangene Zeit noch unumstößlicher als damals. Wäre über die Königsbrücker Straße westdeutsche Nachkriegszeit hingegangen, wäre sie möglicherweise irgendwann saniert oder restauriert worden. Aber die Straße hat den Nachkrieg in der DDR überlebt, und das bedeutet: Durch ihre erhalten gebliebene Vernachlässigung blieb auch ihr Verliereranblick am Atmen. Das Straßenpflaster ist (nicht überall, aber doch überwiegend) dasselbe wie damals, die Innenhöfe der Häuser sind genauso windig und heruntergekommen wie damals, die diversen Steinbeläge der Gehwege sind nach wie vor poetisch, wirr, fesselnd. Ich gehe an diesen eindrucksvoll verbauten Häusern vorbei, an niedergelebten Vorgärten, ich sehe erschütternd breite Schlaglöcher und aufreizend verkommene Gaststätten – und dazwischen die immer schon mit der Gegenwart kämpfenden Einzelbewohner. Plötzlich erlebe ich das, was Siegfried Kracauer einen »Straßenrausch« genannt hat, eine halluzinatorische Epiphanie. Ich werde für Augenblicke aus der Gegenwart herausgetragen und in eine vergangene Wirklichkeit zurückversetzt. Ich sehe den kleinen Erich Kästner in der Königsbrücker Straße herumirren. Der Junge sucht mal wieder (das hat er oft gemacht) seine depressive Mutter, die in Richtung Elbe verschwunden ist, um sich das Leben zu nehmen. Erich kommt zur rechten Zeit und verhindert nur durch seinen Anblick einen sicheren Selbstmord. Eine Straße stellt ihren Dichter aus: stärker als das ihm gewidmete Museum. Die Epiphanie dauert nur wenige Sekunden, dann ist der Straßenrausch vorüber.

Die Haustür ist offen. Auf einem kleinen Schild an der Klingel ist zu lesen, dass der Schlüssel zu Kafkas Zimmer in der Erdgeschosswohnung erhältlich ist. In dieses Haus in Kierling in Niederösterreich, das damals ein Sanatorium war, ist der todkranke Kafka am 19. April 1924 eingeliefert worden. Nach eineinhalb Monaten, am 3. Juni, ist er hier gestorben. In wenigen Minuten werde ich Kafkas Sterbezimmer sehen. Schon an der Haustür entsteht das innere Gehabe eines zwar verspäteten, aber Doch-noch-dabei-seins. Das Bedeutungstheater wird beim Eintritt in das Sterbezimmer sowohl enttäuscht als auch gestärkt. Natürlich habe ich nicht damit gerechnet, Kafka in einem Krankenbett liegend anzutreffen. Nein, das ist nicht wahr. Genau das habe ich durch alle Unwahrscheinlichkeit hindurch erwartet: Ich sehe Kafka (sagen wir) in einem weißen schmalen Eisenbett liegen. Von der damaligen Wirklichkeit des Zimmers ist nichts mehr vorhanden. Von zwei Gegenständen abgesehen, die hinter Glas besichtigt werden können, das damalige Sterbebuch der Gemeinde Kierling mit dem Eintrag von Kafkas Sterbedatum und einen Kehlkopfspiegel, mit dem Kafka untersucht worden ist. Die Peinigung, die von den übrig gebliebenen Real-Objekten ausgeht, entsteht deswegen, weil die Objekte den Besucher zwingen, ein ganzes Leben auf sie zu beziehen. Die Einfalt dieses Bezugs bringt dann doch eine innere Erzählung zustande, die ohne die Objekte ausgeschlossen gewesen wäre. Ich sehe Kafkas letzte Freundin Dora Diamant und den Medizinstudenten Robert Klopstock an Kafkas Bett sitzen. Im Hintergrund steht der erschöpfte Max Brod, der sich von seiner langen Anreise erholt. Dora Diamant reicht Kafka ein Glas Wasser, für das er sich schriftlich auf einem Zettel bedankt, weil ihm die fortgeschrittene Lungentuberkulose das Sprechen nicht mehr erlaubt.

Aber wie soll das falsche Erinnern, ausgelöst durch ›wahre‹ Überbleibsel, ausgeschlossen werden? Wie soll der herbeiphantasierte Selbsteinschluss des Betrachters in das Betrachtete verhindert werden? Ende der siebziger Jahre des vorigen Jahrhunderts war ich in Prag, um mir einige zentrale Adressen des Kafka'schen Lebens anzuschauen. Der Zusammenbruch des Kommunismus war noch in weiter Ferne, und Kafka war hinter dem Eisernen Vorhang ein so unerwünschter wie unbekannter Autor. Als ich sein Geburtshaus durch das hohe und breite Eingangstor betreten hatte, sah ich links eine Art Pförtnerloge, in der ein älterer, untersetzter Mann saß. Ich sagte, dass ich, wenn auch nur von außen, die Wohnung der Familie Kafka anschauen wolle. Der Mann hob kurz den Kopf und sagte – auf deutsch: Hier nix Kafka. Der Klang dieser Leugnung war eine unheimliche Bestätigung dafür, dass es etwas Kafkaeskeres als diese drei Worte im Geburtshaus Kafkas kaum geben könne. Ich war fasziniert, weil sich der Pförtner selbst in eine von Kafka ausgestellte Figur verwandelt hatte. Ich konnte das Moment der Selbstausstellung nur rezipieren, weil ich die Reihe der sonderbaren Hausmeister aus Kafkas Werk kannte, in die ich nun dieses Lebendobjekt in meine eigene innere Ausstellung einordnen konnte. Ein paar Jahre später sah ich ein ergreifendes Kunstwerk von Rebecca Horn; es heißt »Kafka-Zyklus« und ist ein dreiteiliges Wandobjekt: drei nebeneinander hängende Glaskästen, an deren unterem Rand jeweils ein Koffer, ein Paar Herrenschuhe und ein leicht nach oben ragender Schirm zu sehen sind. Drei Objekte, die mit Kafkas realem Leben nichts zu tun haben, dafür umso mehr mit unseren Phantasien über dieses Leben. Unsere Phantasie wirkt wie eine Art (innerer) Ausstellungsbetrieb, der uns unablässig mit Bildern nie wirklich gesehener Objekte versorgt, die nicht selten detailfreudiger sind als die oft unscheinbaren Originale. Das soll heißen: Wir als Betrachter haben die natürlichen Real-Objekte immer schon in uns aufgenommen und in unserem Bewusstsein auf phantastische Weise wiederaufbereitet. Durch diese Verlegung von außen nach innen verliert jedes Objekt seine natürliche Gestalt und verwandelt sich in ein Phantasma unserer Aneignung. Durch die Art der Verwandlung entsteht gleichzeitig eine Information darüber, warum wir ein Objekt so sehr schätzen, dass wir es verinnerlichen mussten.

Der russische Bildhauer Vadim Zakharov hat für diese Aufgabe eine beeindruckende Lösung gefunden. Er wurde von der Stadt Frankfurt beauftragt, ein Denkmal für Theodor W. Adorno zu konstruieren. Und er hat eine Skulptur geschaffen, die auf den ersten Blick nicht nur keine Nähe zu Adorno hat, sondern nicht einmal an ihn zu erinnern scheint. Sein Kunstwerk stellt in Realgröße einen altmodischen Schreibtischstuhl und einen ebensolchen Schreibtisch aus. Auf dem Schreibtisch liegt ein Buch und steht ein immerzu tickendes Metronom. Das Ensemble ist von einem dreimal 2,50 Meter messenden Glaskubus eingeschlossen und von schwarz-weißen Bodenplatten aus Granit und Marmor umgeben, in die Sätze aus den *Minima Moralia* und der *Ästhetischen Theorie* eingemeißelt sind. Wer nicht weiß, wer Adorno war, wird es durch dieses Denkmal nicht erfahren. Durch die Verweigerung einer allzu raschen Vertrautheit kommt eine Intimität zustande, die Adorno angemessen ist, gerade weil sie nicht ›ausgestellt‹ werden kann. Nur Menschen, denen Denken eine vertraute Gewohnheit ist, werden durch dieses Denkmal an Adorno erinnert. Es kam schon bald die scheußliche Tageswirklichkeit hinzu und machte die Skulptur ungeplant authentischer. Denn der Glaskubus ist immer mal wieder das Ziel anonymer Steinwürfe. Aber das Glas ist hart, es kann durch aufprallende Steine beschädigt, aber nicht zertrümmert werden. Der Versuch der Zerstörung steigert seinen Ausdruck: Dem beschädigten Leben folgt das beschädigte Denkmal.

Das sind, denke ich, die beiden äußersten Pole des Risikos von Ausstellungen. Entweder steht ein marginales Objekt für die ganze Person (Kafkas Kehlkopfspiegel) – und muss diese verfehlen. Oder das Leben des dargestellten Autors verschwindet im Symbol (das Metronom im Glaskubus) – und ist damit nur für Kenner zugänglich. Die Unmöglichkeit der Aufgabe besteht darin, wenigstens einen Zipfel der realen Selbstpräsentation eines Autors in die Darstellung zu zwingen. Denn bevor andere ihn ausstellen, stellt sich der Dichter selber aus. Sein eigenes Gehabe ist – in aller Regel – nicht geeignet für das spätere Gedächtnis der anderen. Lebende Dichter haben nur selten das Talent, ihren Bewährungsdruck in einer moderaten Mittellage auszudrücken. Alle Autoren leben in einem Misstrauensverhältnis zu ihrer eigenen Bedeutung. Sie sind sowohl vom Geniestreich als auch von der Platitude bedroht, von der Platitude mehr als vom Geniestreich. Diese unerträgliche Schwankungsbreite überleben viele Dichter nur durch eine Flucht in die Exaltation. Ich erinnere mich (noch heute mit Widerwillen) an eine Lesung von Erhart Kästner in den sechziger Jahren des vorigen Jahrhunderts. Kästner betrat die Bühne mit der Nachbildung einer Papyrus-Rolle. Er brauchte beide Arme und beide Hände, um sein Manuskript in einer ausgreifenden Bewegung vor sich selbst auszurollen und seinen Text zu lesen. Das Publikum war irritiert. Natürlich erkannte jeder den gewünschten Effekt der Selbstausstellung: Erhart Kästner möchte mit den Griechen verglichen werden. Gleichzeitig war eine bedrückende Lächerlichkeit im Raum, für die Kästner in seinem Bedeutungshunger offenkundig kein Empfinden hatte.

Der früh verstorbene Autor Thomas Kling war ein besonders deutlicher Verächter der überkommenen Dichter-Selbstausstellung. Er fand den konventionellen Schriftsteller der 70er- und 80er-Jahre auf der Bühne »piepsig« und »verdruckst«, von »peinigender Langeweile«, »ausgesprochen nichtssagend«. Auch der Nachfolger der »sogenannten Dichterlesung«, zum Beispiel die Performance, war für Kling »schon nicht mehr verwendbar«. »Performance«, so schrieb er, »das war völlig ausgefranst, vollkommen vernutzt, hat es auch inzwischen, staunenswerte Geschwindigkeit, bis in den Duden geschafft (während dort Installation – längst ebenso out – nach wie vor ausschließlich dem Spengler-Gewerbe vorbehalten bleibt)«. Für seine eigenen Auftritte verwendete Kling gerne das Wort »Sprachinstallation«, obgleich er mit Verdruss beobachtete, dass sich auch dieses Wort rasch verschliss. Kling: »Ziemlich genau 1985 begann ich meine Auftritte als Sprachinstallation zu bezeichnen. Das geschah zunächst, um eine Grenze zur Performance und zum Label Performance zu ziehen. Dabei verzichtete ich nicht auf ein bißchen Mixed Media …«

Im Wirbel der Neu- und Umbenennungen übersah Kling, dass die den Worten zugrunde liegende Sache das Etikettenproblem ungerührt überlebte; sie blieb, was sie immer war: eine Dichter-Lesung – mit oder ohne Performance.

Der unangenehme, vielleicht unbewusste Kern der Kling'schen Bemühungen war der Wunsch, der unnatürlichen Dichter-Selbstausstellung einen ›natürlichen‹ Anschein zu geben. Die anrüchige Exaltation sollte endlich getilgt werden. Der Augenblick, wenn ein feierlich gestimmter Mensch mit Papieren oder einem Buch in der Hand eine Bühne betritt, ist der Augenblick der Stilisierung und damit auch der Augenblick einer zukünftigen Selbst-Vermoderung. Es ist die auf Dauer angelegte Gegenwart, die doch sofort altert – und damit ihren eigenen Hautgout hervorbringt. Das Problem wird nicht einfacher, wenn der Dichter tot ist, im Gegenteil. Dann heißt es: Wie verlebendigen wir einen Verschwundenen? Wer einmal das Haus von Karl May in Radebeul besucht hat, wird sich nicht mehr wundern, wie bedenkenlos solche Vergegenwärtigungen inszeniert werden. Im Fall von Karl May muss mildernd hinzugefügt werden, dass er selbst es war, der mit der Inszenierung eines erfundenen Lebens über seine Realexistenz hinwegtäuschte – und dass ihm diese Täuschung im Großen und Ganzen gelang. Ohne den geringsten Anflug von Scham nannte er sein Haus »Villa Shatterhand«. Die Villa hat zwei Weltkriege, die Nazi-Zeit und die DDR überlebt und ist heute, fein restauriert, eine der Hauptattraktionen Sachsens. Das Geheimnis der Anziehung ist nicht, dass Karl May spannende Geschichten geschrieben hat; sondern es ist sein oszillierender Lebensstil, sein nimmermüder Drang, sein deprimierendes Leben mit einem erfundenen Strahlenglanz zu überformen. Berückend ist, wie eine zur Ausstellung nicht geeignete Biografie sich dennoch ausstellt, zwar monströs, sentimental und kitschig, aber im Kitsch prachtvoll und überwältigend.

Wer in der »Villa Shatterhand« umherwandelt und im Arbeitszimmer den ausgestopften Löwen sieht, die auf dem Boden ausgebreiteten Bärenfelle, die Waffen an den Wänden und in den Schaukästen (»die berühmtesten Gewehre der Welt«), der kommt durch die kompakte Geschlossenheit der Präsentation nicht mehr auf die Idee, dass

Karl May ein notorischer Betrüger war. Der Schwindel erscheint plötzlich als notwendig und wird genauso bewundert wie die Bärenfelle und die Waffen.

Wer glaubt, dass der prunkvoll überbordende Karl-May-Stil der Vergangenheit angehört, ist nicht auf dem Laufenden. Eine Ausstellung, die auf sich hält, muss heute ihre eigenen Grenzen sprengen, um im Kulturangebot wahrgenommen zu werden. Ein Beispiel dafür ist die Schau zum 50. Todestag von Robert Walser, die 2006 in Frankfurt, Berlin und Bern gezeigt wurde. Nötig war für sie zuallererst eine »Szenografie«, natürlich eine »Visuelle Gestaltung & Werbung« – und eine Spezialfirma, die die notwendigen Bauten in den Ausstellungsräumen errichtete. Weil Walser als kleiner Angestellter, als »Commis«, seine Brötchen verdiente, haben die Szenografen tatsächlich eine komplette Schreibstube mit Stehpult und Arbeitslampe nachgebildet; und weil der Dichter in engen Mansarden hauste, sahen die Besucher eine ebensolche Dachstube mit Bett, Tisch und Nachttopf, und weil sein Traum der Schauspieler-Beruf gewesen ist, traten die Besucher in einen ›Theaterraum‹ mit der Nachbildung eines Bühnenprospekts hinein, den Robert Walsers Bruder Karl 1905 in Berlin geschaffen hatte. Und so ging es weiter (Originalton): »Am liebsten aber bewegte sich Walser im Freien; er ist der Spaziergänger in der Welt der Literatur. Der Weg durch die Ausstellung verläuft deswegen unter Bäumen. Und er endet in einem Raum, der nicht betreten, sondern in den nur hineingeschaut werden kann: die psychiatrische Klinik, wo Walser mehr als zwei Jahrzehnte nichts anderes tat als Papiertüten kleben, Schnüre drehen und Hülsenfrüchte verlesen«.

Natürlich gab es außerdem ›normale‹ Vitrinen, in denen Walsers Handschriften, Manuskripte, Erstausgaben studiert werden konnten. Das authentische Material allein wäre offenbar als eine Art Verarmung empfunden worden – jedenfalls nach der Vorstellung der Szenografen. Wichtiger als das einzelne Objekt ist stets der Effekt, der auf das Objekt erst verweist. Am Abend der Ausstellungseröffnung regnete es plötzlich zahllose kleine weiße Zettel auf die Gäste herunter – ein Hinweis auf das bei Walser leitmotivisch auftretende Schnee-Symbol. Auf jeden Zettel war einer der zärtlich-verrückten Sätze von Walser abgedruckt, ein putziger Einfall, der zeigt, dass ›gewöhnliche‹ Dichter-Ausstellungen mit aufreizenden Events konkurrieren müssen. Meine vielleicht arrogante Schilderung soll nicht ausdrücken, dass ich solche Werbetricks wie den Papierfitzel-Schneefall prinzipiell für anstößig halte. Immerhin geht es darum, einen kryptischen Autor einem vielleicht bereitwilligen, im Kern ahnungslosen Publikum nahe zu bringen. Aber muss man sich nicht fragen: Muss ein Dichter wie Robert Walser wirklich populär gemacht werden? Genügt es nicht, dass die ihn lesen, die sich ihm nahe wissen und die seine Texte also auch verstehen – ohne ihn als einen Exoten des Alltags missbrauchen zu müssen?

Einen Schritt weiter in Richtung Simulation geht man in Wien. Wer das Café Central in der Herrengasse betritt, trifft dort auf einen einsamen Gast, der Tag für Tag am gleichen Tisch sitzt und vor sich hinstarrt. Es handelt sich um einen nicht allzu großen, zur Korpulenz neigenden Mann, dem das Café Central eine Art Heimat war. Jetzt ist aus dem Gast eine Skulptur aus Pappmaché geworden, die an Wiens große Zeit und seine Rolle darin erinnert. Es handelt sich um den Lokalschriftsteller Peter Altenberg, der seinen Ort, die Stadt Wien, in die Dimension des Weltstädtischen erhob und deswegen immer beides war: Provinzler und Connaisseur, Bohemien und Elegant, armer Schlucker und weltläufiger Trinker. Natürlich ist das Denkmal im Café, wie fast alle Dichter-Denkmale, obskur bis peinlich. Peinlich ist der Versuch der vorgetäuschten Nähe, der Anspruch der Gegenwärtigkeit. Aber der Fall ist schwierig, denn das Denkmal ist keineswegs nur peinlich. Altenberg macht keine gute Figur, nicht einmal als gestaltetes Objekt. Aber das Moment der Zwiespältigkeit und Zwielichtigkeit rückt die Skulptur in die Nähe des real gelebten Lebens. Man kann durch die Skulptur hindurch Altenbergs pei-

nigende Existenz herausfühlen. Man sieht diesen (auch in der Nachbildung) verschwiemelten Mann, der schon als Kind von seiner
späteren Melancholie wusste. Man erkennt einen nervösen, deklas-
sierten Dichter, der nicht bereit war, sich von seiner deprimierenden
sozialen Existenz vorschreiben zu lassen, was von seinem Leben zu
halten sei. Ich habe im Café Central Besucher gesehen, die die Figur
Altenberg beim Vorübergehen durchaus zärtlich gestreichelt haben.
In dieser Geste steckt eine intime solidarische Teilhabe, wie sie ein
Denkmal vielleicht nur in Wien hervorbringen kann.

Wer ein Gegenstück zu solchen theatralischen Inszenierun-
gen erleben will, sollte nach Greifswald fahren. Greifswald ist der
Geburtsort von Wolfgang Koeppen. Wie durch ein Wunder hat sein
Geburtshaus in der Bahnhofstraße 4 die Zeiten überlebt. Heute ist
darin das »Literaturzentrum Vorpommern« untergebracht. Es ist
den Verantwortlichen dort gelungen, ein paar ausdrucksvolle Möbel-
stücke und andere Gegenstände aus dem Lebensumkreis von Koeppen zu retten und sie in einem lockeren Ensemble zu präsentieren.
Die Stücke sind ohne Show-Effekte angeordnet. Die Ausstellung
erscheint so zufällig und ungeplant wie Koeppens Leben selbst.
Koeppen war ein Meister des Wartens, und er hat, vermutlich ohne
Absicht, auch aus seiner Umgebung ein Wartezimmer gemacht. Wir
sehen einen von Koeppens Schreibtischen, seine Schreibmaschine,
die Tischlampe, einen in den fünfziger Jahren hochmodernen Sessel,
einen Manuskriptschrank, eine hölzerne Truhe und, auf dem Boden
verteilt, Anhäufungen von Tageszeitungen, die Koeppen in seiner
Münchner Wohnung las und, wie es seine Gewohnheit war, nach der
Lektüre auf den Boden fallen ließ. Durch die uneitle Präsentation
nehmen wir teil an der Flüchtigkeit und Unruhe von Koeppens
Existenz. Man kann hier sehen, wie wichtig eine gewisse Ehrgeiz-
losigkeit der Vermittlung sein kann. Je größer der darstellerische
Aufwand einer Ausstellung, desto größer wird oft auch die Gefahr, in
Überspannungen und Überbilderungen zu entgleiten.

Ich war etwa siebzehn Jahre alt, als sich mir der schreckliche Gedanke aufdrängte, es werde eines Tages darauf ankommen, dass ich mich meiner Herkunft und meiner Jugend erinnern könne. Ich steckte mitten in der Dynamik der Jugend, die mir dramatisch vorkam, weil sie mich einerseits mit verheißungsvollen Ankündigungen beglückte und mich andererseits mit lähmender Ödnis quälte. Ich hatte gerade mein erstes Theaterstück geschrieben und das Manuskript direkt an das Mannheimer Nationaltheater geschickt. Ich wusste damals nicht, dass nur berühmte und/oder erfolgreiche Autoren ihre Stücke unmittelbar an ein Theater geben. Ich war deswegen nicht überrascht, als mich der Dramaturg des Nationaltheaters ein paar Wochen später zu einem Gespräch bat. Ich nahm an, solche Gespräche zwischen Autor und Dramaturg gehören zum normalen Vorlauf einer Uraufführung. Der Dramaturg war ein kluger, verständiger Mann, der die wacklige Psychologie von Jungdramatikern vermutlich gut kannte. Der Mann brachte es fertig, dass ich nach einer halben Stunde glaubte, mein Stück sei unaufführbar. Der Dramaturg gab mir das Manuskript zurück und sagte zum Abschied ein paar aufmunternde Worte. Etwa einen Tag lang war ich in Versuchung, das Manuskript zu vernichten. Eines Abends fand ich in dem Manuskript ein Notizblatt mit ein paar unleserlichen Bemerkungen wahrscheinlich des Dramaturgen. Ich weiß nicht mehr, warum ich sofort glaubte, dass das Notizblatt ein für mich wertvolles Dokument sei. Das Notizblatt war mir plötzlich wichtiger als das Stück. Es war klar, dass ich dieses Dokument aufbewahren würde, obwohl mich seine Unentzifferbarkeit ärgerte.

Dieser Vorgang war (ist) typisch für meine damalige Sammeltätigkeit. Ein Ereignis (das Scheitern meines ersten Stücks) verflüchtigt sich hinter einem erinnernden Zettel. Dieser Ausweg öffnete sich später bei vielen ähnlichen Abläufen. Nicht das Gymnasium war wichtig, sondern die Schulhefte, die Stundenpläne, die Unterrichtsbücher, die Mitteilungen der Schule an meine Eltern, dass meine Versetzung gefährdet sei. Ich hortete, was die Ereignisse von sich zurückließen, insbesondere Spickzettel, Eintrittskarten von Kinos und Theatern, Arztbefunde, abgefahrene Zugticketts, Einkaufszettel, Briefentwürfe meiner Mutter, Glückwunschkarten, Quittungsbelege, Monatskarten, Entwürfe von Bewerbungen meines schreibunwilligen Vaters. Ebenso erste Liebesbriefe von Mädchen aus der Nachbarschaft, die eigentlich keine Liebesbriefe waren, sondern allenfalls Liebeslebenszeichen, verquere Mitteilungen, die in ihrer Sonderbarkeit außerordentlich waren. Und natürlich meine ersten Leser-Ausweise für die Städtische Jugendbücherei und die Bücherei des Amerika-Hauses; ferner Sporturkunden, Zeugnisse, Programme des Schulorchesters und der Jahresabschlussfeiern. Wie weit mein Sammeldrang reichte (der mir seinerzeit nicht grotesk erschien), zeigt eine Stelle aus meinem Roman *Fremde Kämpfe* aus dem Jahr 1984, von dessen Held es einmal heißt: »Eine alte Idee fiel ihm wieder ein: von jeder Wohnung, in der er bisher gelebt hatte, wollte er je eine Zimmertür besitzen. Die gesammelten Türen wollte er in der letzten Wohnung, in der er den Rest seines Lebens zubrachte, einbauen lassen: dann könnte er sich die Stationen seines Lebens beim Anblick von Türen vergegenwärtigen«.

Soweit ist es zum Glück nicht gekommen. Stattdessen griff meine Sammeltätigkeit auch auf das Leben fremder Leute über. Auch dazu gibt es einen authentischen Romantext; er findet sich in meinem Buch *Der Fleck, die Jacke, die Zimmer, der Schmerz* aus dem Jahre 1989: »Ich komme an einem mit Gerümpel und Geröll beladenen Müllcontainer vorbei. Obenauf liegt ein altes Fotoalbum. Ich ziehe das Album heraus und öffne es. Es ist vollgeklebt mit Familienfotos aus den dreißiger und vierziger Jahren. Es sind kleine, ordentlich eingeklebte Schwarzweißfotos mit gezackten Rändern. Unter den meisten Fotos stehen handschriftliche Eintragungen: ›Gustl in Bad Kissingen 1941‹ oder ›Die unvergeßliche Mai-Bowle bei Familie Greiner‹. Im hinteren Teil des Albums befinden sich Urlaubsbilder. ›Madeira 1939‹ steht darunter oder ›Silvester in Bad Tölz‹. Obwohl mir die Bilder peinlich sind, rührt mich das Album. Dreißig oder vierzig Jahre lang ist es von jemandem aufbewahrt worden, jetzt endet es im Dreck. Immer wieder sind ein Karl oder eine Emilie oder eine Käthe mit ihren Enkelkindern Sybille oder Hannelore oder Ulrich zu sehen. Die Spießigkeit, die von den Bildern ausgeht, ist alt und deutsch und wirkt noch immer. Trotzdem wächst auch das Bedürfnis, das Album zu retten. Ich möchte es irgendwohin tragen, wo es weitere vierzig oder fünfzig Jahre in Sicherheit ist. Eines Tages wird eine Sybille, eine Hannelore oder ein Ulrich erscheinen und will es wiederhaben. Ich schlage es zu und nehme es an mich. Es ist schön, mit einem alten Fotoalbum in einer Straße zu stehen und die vollkommene Haltlosigkeit des Lebens zu spüren.«

Darum handelt es sich tatsächlich: Schweigende Dokumente stauen die Vergangenheit in eine stumme Zukunft, die dann von einem zufälligen Betrachter wieder entstaut wird. Wichtig ist nicht, dass ein Dramaturg mein erstes Stück abgelehnt hat. Sondern wichtig ist, dass der Dramaturg eine unleserliche Notiz hinterlassen hat, die endlos nachglüht und in diesem Nachglühen aufschließende Kraft entfaltet. In diesem Nachglühen war es mir möglich, ein Verstehen nachzuholen, das mir damals nicht gelingen wollte, jedenfalls nicht auf Anhieb. Ich verstand nicht, dass es zwischen den Absichten meines Schreibens und deren Rezipierbarkeit eine Differenz geben sollte oder, schmerzlicher formuliert, ich verstand nicht, dass ich von dieser Differenz erst durch die Konfrontation mit dem Dramaturgen erfahren hatte. Im Nachglühen des Objekts enthüllte sich die fremde Notiz als ein Stück meiner eigenen Lebensfremdheit, die durch die Begegnung mit dem Dramaturgen endlich nach außen getreten war und sich dadurch auch von mir selbst von außen anschauen ließ: Jetzt las ich mein Stück als ein Fremder und konnte anerkennen, dass es nicht viel taugte.

Heute wäre ich dankbar, wenn ich die unleserliche Notiz des Dramaturgen noch besitzen würde; ich bilde mir ein, dass ich sie inzwischen auch dechiffrieren könnte, aber die Notiz ist (und mit ihr meine komplette Sammlung wichtiger/unwichtiger Überbleibsel) einem postpubertären Autodafé zum Opfer gefallen. Ich erkannte plötzlich, dass nur ein späteres, de facto bedeutsames Leben meine Jugendzettelsammlung würde rechtfertigen können. Für diesen Deal konnte ich nicht wirklich die Hand ins Feuer legen. Eines schönen Wintertages öffnete ich das Türchen unseres damals noch vorhandenen Zimmerofens. Innerhalb weniger Minuten waren meine Poesiealben für immer verschwunden. Ich kann auch sagen: Mein gar zu früher Anspruch auf Anerkennung/Erfolg/Ruhm störte die natürliche Intimität mit mir selbst. Um diesen wunden Punkt kommt keine Scham herum, weil jeder Anspruch auf spätere Bedeutsamkeit einen utopischen Kern hat, der nicht einlösbar ist: Wer etwas von sich ausstellt, will es auch später wieder verbergen können dürfen. Diese Forderung ist nicht von dieser Welt und gleichzeitig ganz real. Elias Canetti hat diesen Konflikt (in seinen Aufzeichnungen *Die Fliegenpein* aus dem Jahr 1992) so umschrieben:»Daß andere an meinem Leben herumfingern werden, erfüllt mich mit Widerwillen. Unter ihren Händen wird es ein anderes Leben werden. Ich will es aber so haben, wie es wirklich war. Ein Mittel finden, sein Leben so zu verbergen, daß es nur für die sichtbar wird, die klug genug sind, es nicht zu entstellen«. Elias Canetti hat dieses Mittel nicht gefunden; seine Verwahrung hat ihm nichts genützt. Auch über sein Leben gab es (und gibt es) Ausstellungen, Filme, Kataloge, Bücher. Das Interesse der später Geborenen ist stärker als jeder Verbergungswunsch.

Als ich zehn, elf, zwölf Jahre alt war, gab es unter meinen Spielkameraden eine bedeutsame Nachmittagsbeschäftigung. Jedes Kind durfte innerhalb einer kurzen Frist einen kleinen Gegenstand von sich irgendwo verstecken. Innerhalb einer ebenso kurzen Frist mussten die anderen Kinder die versteckten Dinge aufspüren. Es waren absolut unscheinbare, wertlose und doch signifikante Objekte; eine schöne Schraube, eine abgebrochene Puppenhand, ein blecherner Ohrring, ein Heiligenbildchen aus dem Kindergottesdienst. Die frühe Lebensklugheit der Kinder war erstaunlich, sowohl beim Verstecken als auch beim Wiederfinden. Es gab Kinder, denen es nichts ausmachte, längst bekannte Verstecke immer wieder neu zu benutzen; so konnten sie ihren frühen Überdruss an der Kindheit zeigen – und trotzdem an diesem Überdruss teilnehmen. Ein Kind beugte sich mit dem Gesicht gegen eine Hauswand und sagte dreimal den Spruch auf: Eins zwei drei vier Eckstein, alles muss versteckt sein. Wer eine Chance haben wollte, dass sein Gegenstand unentdeckt blieb, musste ein absolut neues Versteck finden. Das Versteck durfte freilich nicht zu neu sein. Wenn ein Suchvorgang zu lange dauerte, war ein Abbruch der Spielrunde erlaubt. Dann musste das Versteck preisgegeben werden – und schied damit für das nächste Spiel aus.

Es gab viele Kinder, die es nicht lange aushielten, ein Geheimnis zu haben; sie benutzten immer wieder die gleichen Verstecke, die die anderen Kinder ihnen schon zuordnen konnten. Diese Kinder waren vielleicht noch rätselhafter als die anderen, die ihre Sachen jedes Mal für unauffindbar hielten. Merkwürdig war, dass ein wieder gefundener Gegenstand für kurze Zeit als geheimnisvoll galt. Die Kinder fassten das versteckte und wieder zugänglich gewordene Objekt einzeln an, sie kommentierten es, sprachen Wünsche aus und gaben das Objekt dann seinem Eigentümer zurück; danach war es, obwohl es vor aller Augen ein enthülltes Objekt geworden war, wieder reprivatisiert.

Das wäre die Utopie des unschuldigen Zeigens.

Die Deutsche Schillergesellschaft wird gefördert
durch die Bundesrepublik Deutschland,
das Land Baden-Württemberg, den Landkreis Ludwigsburg
und die Städte Ludwigsburg, Marbach am Neckar
und Stuttgart.

Das vorliegende Marbacher Magazin erscheint zur Ausstellung:
›Autopsie Schiller. Eine literarische Untersuchung‹
Literaturmuseum der Moderne, Marbach am Neckar
1. März bis 4. Oktober 2009
Die Ausstellung wird gefördert von der LANDESSTIFTUNG Baden-Württemberg.

Ausstellung: Heike Gfrereis, Mitarbeit: Stephanie Käthow, Ramona Treinen, Katharina J. Schneider
mit Ellen Strittmatter und Martina Iris Wolff; Ausstellungsgestaltung: Keppler I Schmid (Grafik) und
Space4 (Architektur); Licht: luna.lichtarchitektur; konservatorische Betreuung: Beate Küsters,
Carolina Strecker; Film: Martina Iris Wolff mit Ellen Strittmatter; Textredaktion: Dietmar Jaegle;
Organisation: Vinca Lochstampfer

Für Unterstützung danken wir Gudrun Bernhardt, Michael Davidis, Hildegard Dieke, Sabine Fischer,
Daniel Graepler, Sebastian Haselbeck, Silke Henke, Sabine Hesse, Corinna Herzberg-Rebel,
Sigrun Hof, Thomas Kemme, Annette Köger, Chris Korner, Helmuth Mojem, Nicolai Riedel,
Birgit Slenzka, Matthias Steinhart, Katrin Sterba, Caroline Walther, Petra Weiß, Nina Willburger,
Katharina von Wilucki

Umschlag: Johann Heinrich Dannecker, *Schiller*, Gips (1805), zur Übertragung in Marmor punktiert
Vor- und Nachsatz: unschöne und schöne Linie (aus Schillers Brief an Körner, 23. 2. 1793)
Frontispiz: »Faden, welchen die Mutter Schiller's gesponnen hat. Geholt zu Marbach 1866.«
Fotoarbeiten: DLA Marbach (Bernd Hoffmann, Chris Korner, Mathias Michaelis)